Witches Oracle

CLAUDINEY PRIETO

Witches Oracle

ALFABETO

© Published in 2020 by Editora Alfabeto

General supervision: Edmilson Duran
Translate: Ana Maciel
Revision: Anna Fernanda Dias
Illustrations: Umbra Docens
Book design: Décio Lopes

INTERNATIONAL PUBLICATION CATALOG DATA

Prieto, Claudiney

The Witches Oracle / Claudiney Prieto | Editora Alfabeto | 1st edition
Sao Paulo | 2020.

ISBN: 978-85-98307-88-6

1. Oracle   2. Esotericism   3. Wicca   I. Title

All rights reserved, total or partial reproduction by any means, including the Internet, is prohibited without the express written authorization of the Publisher.

The violation of copyright is a crime established in Brazilian Law no.9,610 /98 and punished by article 184 of the Brazilian Penal Code.

EDITORA ALFABETO
Rua Protocolo, 394 | CEP 04254-030 | São Paulo/SP
Tel: (11)2351.4168 | E-mail: editorial@editoraalfabeto.com.br
Loja Virtual: www.editoraalfabeto.com.br

Dedication

The project for the 1st Brazilian Museum of Magic and Witchcraft was born while this work was getting ready.

Many persons have collaborated to make this dream a reality, but here I would like to expressly say thanks to some special people who supported the project:

Amanda Celli, from Tempero de Bruxa; Cynthia Sims; Diego Oliveira; Thais Pavanelli, from Divina Linha; Henri Garcia; Juliana Machado; Luiz Antonio de Sousa Netto; Maria Anita da Silva Castro; Rafael Toledo; Raul Costa; Simone Ribeiro; Vanessa Jardim and Vicki Araujo.

All of these incredible people have become guardians of the living memory of the Witchcraft in Brazil. They now become immortals in the pages of this work and in my heart.

May the song of the Gods play the melody that will lull their lives.

This work is dedicated to them!

Index

1. Introduction 9
2. Wicca 13
3. What is the Witches Oracle? 17
   - The Earth Cards 22
   - The Air Cards 42
   - The Fire Cards 62
   - The Water Cards 82
   - The Spirit Cards 102
4. How to do a reading with the Witches Oracle? 113
5. Spreads 117
6. Final Words 123
   - Claudiney Prieto 125

Introduction

WE BECOME SEPARATED from nature's rhythms, we no longer dance around the fires, mountains, and trees singing sacred songs to celebrate changes in the Earth. We no longer see the phenomenon of the suspension of the Sun, Moon and stars in the sky as something divine and a gift from the Gods. The Ancients Ones were forgotten, the old Traditions have been lost.

But the Wheel spins again and today, not only in the United States but worldwide, the growth of the Wicca religion has become a social and spiritual phenomenon.

Witchcraft was reborn in Europe around 1951. Surely Gerald Gardner, the greatest exponent of Wicca at that time, could not have imagined that Modern Witchcraft would acquire so many practitioners and sympathizers all over the world.

Since Gardner exposed through his publications the knowledge of the Coven where he was initiated, interest in Wiccan has never stopped to grow. Wicca was created and recreated countless times. It took on new clothes, new contexts, and new desires. Many new Traditions have emerged, new ways to touch the essence of the old Gods have been created and established. Nowadays, new forms of Witchcraft flow all over the world and made Wicca as it is practiced today a mixture of different systems and magical paths. Due to Wicca is a non-dogmatic religion and has an individualistic nature, it is perfectly understandable that such paths have emerged. The main function of Wicca is to fill up the empty and space that has separated us from nature and Sacred for so long. If this is possible only creating new forms and developing new practices, so be it.

Quite different from what you might have thought your whole life, we Witches are not bad, and we don't fly on broomsticks. Witches are real characters from everyday life, as normal as all many other people you may meet on the bus, on the subway, in the bank queue, and on the street …

Surely many of these people are the transformers and world's shapers who, with their visions, beliefs, rites, and power, can change the modern reality that we are afraid of. These people believe that through their ancient Gods any change is possible and that no matter as much as we have tried something, there is always another way to achieve wholeness and improve the world where we live. These real-life modern characters believe that the Earth is alive, that we have the power to fight for freedom, that we are huge potential in the hands of the Goddess, and that we must use all our potentials to better serve Her, looking the necessary forms for a more dignified, more honest and more truthful world where all forms of love, all ethnicities, all of our personal choices may be respected and celebrated, always.

The Witches Oracle brings symbols, tools, and the imagery universe of the Witches represented by cards that can be used for divination. Through this oracle, you will be able to unveil the future and also learn more about each aspect of Witchcraft, as each card is like a patchwork, that can show an isolated part of our religion, but when brought together with the other cards, shows the whole present in this path.

Immerse yourself in the magic of this divine oracle and allow the Gods to communicate with you like never seen before.

Wicca

THIS IS AN ORACLE that addresses to the Wicca universe. The cards are based on the symbolism of the Craft.

Differently from what many people think Wicca, also called Modern Witchcraft, is not a weird or evil religion.

Witchcraft is one of the countless spiritual paths, based on small groups or solitary practitioners, that seeks to put humanity in contact with nature and its energies

We can say that in some aspects Wicca is a matrifocal religion, focused on the Mother Goddess figure, that is personified as Earth itself and as the Moon, which emphasizes social, environmental, and moral responsibility, and which sees the connection with nature as the only way to the self-knowledge and spiritual evolution.

Also called Craft or Old Religion, Wicca is an alternative name given to the Modern Witchcraft practices with European origins.

The word Wicca comes from the archaic English *Wicce* which means "turn, bend or shape". This word reflects Wicca religion essence, once spinning and shaping nature, interacting with it, is one of its main goals.

Wicca is a religion that bases its philosophy and practices on the celebration of nature and on the cult of the Mother Goddess that embodies the Earth itself and the feminine. The Goddess is the Creatrix of everything and everyone. For many, the Goddess is seen as the main Wiccan Deity. She is symbolized by the Moon and the Earth and has received different names in different cultures where she has been worshipped and celebrated. She is eternal, immortal, and has supremacy in our practices and rituals.

We can see many Celtic influences in Wiccan practices, however symbology from the Greeks, Sumerians, Egyptians, and others are also found at the fundamental base of the present-day Wicca since it belongs to the Western Mystery Tradition.

Wicca looks to put again the mankind in close contact with nature, rescuing our connection with Earth, allowing us to be more aware of the need to look after it and preserve the fauna and flora.

A second deity, called the Horned God, considered the son and Consort of the Goddess, is also venerated. He is the protector of the fauna, flora, animals and is also an ancient God of the first cultures of humanity responsible for hunting and abundance.

Consequently, Wicca celebrates the feminine and masculine polarities that exist within each of us and look for the balance between men and women. Even giving a preponderance to the Sacred Feminine and women in its rituals and philosophy, many men identify themselves with Wicca and celebrate the Goddess, and find in the practices of Modern Witchcraft a way to reevaluate and change their thoughts, postures and actions. This has been contributing to free men influenced by centuries of patriarchy and machismo into more conscious and prejudice-free human beings.

What is the Witches Oracle?

Cards' Symbology and the Deck Structure

THE WITCHES ORACLE is designed to be an appropriate divinatory tool for Wicca practitioners. However, it can be used by any layperson. Through the information shared here, it will be possible to have access to all the power that this oracle can provide even if you are taking your first steps along this path or do not know anything about it. With the references revealed here a new world will be disclosed to the ones who have never delved deeply into the mysteries of Goddess and will make you wish to know more and more about this incredible universe full of sacred rituals, magic, and Ancient Gods.

The Witches Oracle has 40 cards. It is divided into 4 groups of 9 cards, each group representing one of the four elements (earth, air, fire, and water), plus an additional group of 4 cards representing the fifth sacred thing, the quintessence, the spirit.

The number 40 for the set of cards in Witches Oracle was not chosen at random. Gerald Gardner, called by Wicca's father, quote in his work Witchcraft Today the importance of number 40 in the Craft symbolism:

> *"Because three and five make eight, many things must be in eights; but eight and five make thirteen, and so thirteen is another good number; but since five eights, or three covens and a leader, make forty, forty is a good number and certain things must be forty."*

Thus, we realize that the most important numbers for the Wicca symbology are 3, 5, 8, 13 and, of course, 40, which is the highest of all.

Each of the numbers mentioned by Gardner expresses a special symbology in Wicca:

3 – God, the Goddess and the Child Promise, representing the creation powers. We can also connect this number to the Triple Goddess.

5 – The Man, the Pentacle, the 5 elements (earth, air, fire, water, spirit).

8 – The Wheel of the Year with the 8 Sabbats and 8 ways to make magic.

13 – The Esbats' Wheel, with 13 full moon celebrations.

40 – Three covens and a leader.

The number 40 is also a sacred number for many religions around the world. We find it in Sumerian, Jewish, Hinduism and many other cultures and spiritual traditions.

The cards of the Witches' Oracle and their divinatory meaning will be displayed later and its sequence is as follows:

Earth Cards
01 – Pentacle
02 – Priestess
03 – Initiate
04 – Mighty Ones
05 – Yule
06 – Cakes and Wine
07 – Magic Circle
08 – Eightfold Path
09 – Samhain

Air Cards
10 – Sword
11 – Athame
12 – Bolline
13 – Priest
14 – Broomstick
15 – Ostara
16 – Book of Shadows
17 – Censer
18 – Imbolc

Fire Cards
19 – Wand
20 – Necklace
21 – Second Degree
22 – God
23 – Scourge
24 – Litha
25 – Cone of Power
26 – Wheel of the Year
27 – Beltane

Water Cards
28 – Cup
29 – Goddess
30 – First Degree
31 – Bracelet
32 – Cords
33 – Mabon
34 – Garter
35 – Esbat
36 – Lammas

Spirit Cards

37 – Great Rite
38 – Fivefold Kiss
39 – Third Degree
40 – Cauldron

The number sequence of the Witches Oracle cards was not chosen at random. The sequence adopted is based on the numerical symbolism that each card expresses when the number digits of that card are summed, thus offering a final number that can go from 1 to 9, they are called pure and original numbers. All possible numbers that exist always result from the combination of these 9 primordial numbers. These 9 numbers are like 9 cosmic forces or vibrations and each expresses a different frequency.

Let's know the meaning for each number:

01 – Beginning
02 – Energy
03 – Growth
04 – Structure
05 – Tension
06 – Balance
07 – Results
08 – Change
09 – End

As all cards have double numbers, by summing up the digits of each one, you will realize that when the number of that card is broken down, we reach a single digit, which will be exactly one of these original numbers ranging from 1 to 9. This will give you the possibility to understand the root essence of each card through the number related to it.

For example, the card called "Cords" is number 32 in the numeric sequence. So, 3 + 2 = 5. As we have seen, the keyword for number 5 is "Tension." Now, to have a simplified overview of what this card represents, simply attach the keyword associated with the reduced number of this card (5) to that keyword of the element it represents. Since the "Cords" is a water card, the keyword for this element as you will discover later is "Emotional". So, we could say that the "Cords" would represent in a reading an "Emotional Tension". Of course, this meaning is quite simplified and elementary. It can and should be enlarged by incorporating into the reading of the cards all those symbolism described in the description of each of them as it is shown in this book. The same is true for all the other Witches Oracle cards, except for the 4 Spirit cards that express specific divine concepts on their merit and whose card numbers are outside the reduction learned above.

In the next pages, you will know the symbolism and divinatory meaning for each of the cards.

The Earth Cards

EVERY ELEMENT IN NATURE can be considered a part of the Goddess's body, which is Earth itself. Thus, for many cultures, the ever-growing vegetation was the Goddess's hair, and for many ancient populations, the stones represented Great Mother's bones.

In Wicca, the Earth element is one of the most important. It is perhaps the most used in rituals through herbs, stones, leaves, and flowers. The Earth is connected to the north cardinal point and is considered a feminine and passive element.

Its sacred colors are green, brown, and black. So, candles in these colors are generally used to mark the north quadrant in the Circle. It is also associated with Winter and midnight.

In a reading of the Witches Oracle, earth cards hold the power to stabilize, to silence, to grow, and make reborn. This is the main element used when we need to quickly achieve material objectives. So, its cards express that we may need the energies and forces of the Earth to achieve the goal of the question of the reading.

CORRESPONDENCES

Meaning: The body, growth, support, material gain, money, birth, death, silence, rocks, stones, crystals, jewelry, metal, bones, structures, night, wealth, treasures, surrender, willpower, touch, empathy, growth, mystery, conservation, incorporation, business, prosperity, employment, stability, success, fertility, healing, combined nature forces, material abundance, runes, practical wisdom, physical strength, teaching.

Phase of life: Old Age

Time: Midnight

Season: Winter

Keyword: Material

01 – PENTACLE

Pentacle is one of the most important tools of Witchcraft. It is often made of wood or metal and is used to energetically charge herbs, talismans, objects, and accessories that will be used in a ritual. It, consequently, confers power and force to the utensils that will be used in a ritual.

A Pentacle always has a Pentagram inscribed in one of its sides and some Witchcraft traditions like in Gardnerian Wicca, for example, it is engraved with other magical symbols representing the Goddess, the God, the world, among other things.

Divinatory meaning: The Pentacle indicates that your dreams will come true. It expresses practicality and manifests everything that is in preparation. With the Pentacle energy you can achieve everything you want and attract the prosperity you need.

02 – Priestess

The Wiccan Priestess is the one who directs most of the ceremonies and rituals.

She is considered the embodiment of the Goddess during rituals and her intentions and desires are considered the same as the Goddess. The Priestess rules with wisdom, balance and she deeply knows all aspects of the Craft including invocations, sacred songs, myths and it is she who teaches this knowledge to all members of her Coven.

One of the Priestess's functions is to solve conflicts that arise in the group, always giving a wise, loving, and powerful opinion.

The Priestess usually wears a circlet with a triple moon or a half moon pointing upwards as a symbol of her leadership and power. In many Covens, she also wears bracelets and a necklace that distinguishes her from other members.

Divinatory meaning: The Priestess asks you to look inside and see beyond appearances, leaving the surface of a particular situation to look more deeply at some things.

03 – Initiate

Initiation is the first ritual that marks a person's beginning in Wicca.

Initiation is a magical experience that affects the human being deeply and that cannot be expressed merely by words, but it needs and must be felt.

In Wicca, the Initiation introduces a person into a Coven or a Tradition and provides to that person a symbolic set of information that is only transmitted to people who have gone through a secret ritual, in which the Initiate became a Priest or a Priestess of the Old Religion. This makes the initiate one of the heirs of this religion, as well as a transmitter of the rituals s/he had experienced.

In Witchcraft, Initiation is a magical process that will awaken the being to a new stage of consciousness and expand the perception, opening the individual channels to the proper performance of the psychic, intuitive and spiritual faculties.

Divinatory meaning: The Initiates' card indicates that you are going through or must soon experience events that will make you feel reborn and that it will be necessary to seek faith, contemplation, and a deeper connection with the divine.

04 – MIGHTY ONES

The Mighty Ones are a series of tutelary beings of Witchcraft considered intermediary between the world of gods and men. They are the beings who witness to the rites and practices of the Craft's initiates and who lead each Witch within the Mysteries.

The Mighty Ones' spiritual work is to maintain life's elements and guide humanity throughout its existence.

They can be understood as:

- The Spirits or Kings of the Elements, deeply connected with nature.
- The Craft's Ancestors. The spirits of the Witches who are in the Otherworld and who protect the incarnated Witches.
- The Guardians of the Watchtowers, who watch over humanity and work for our evolution.

Summarizing, they are the spiritual forces that are beneath the Gods and who guide us in our journey.

Divinatory meaning: In a reading, the Mighty Ones call us to live in a more balanced and moderate way in harmony with all life. This card also invites you to seek help and cooperation, promoting teamwork.

05 · Yule
Yule

05 – YULE

Yule brings the time to celebrate the Sun's return.

After the long Winter nights, from this moment the sun will shine again, and the days will be longer than the nights.

Yule marks the hope of a new time, opening ways for countless possibilities.

It was celebrated with lights, fire, and the traditional Yule tree with ornaments and oak acorns, which was later assimilated by Christianity and turned into the Christmas tree.

Yule Represents the light's return when in the coldest night of the year the Goddess gives birth to the Sun God, the Child of Promise. Along with his birth, hopes are reborn while he brings fertility and warmth to Earth.

Divinatory meaning: Yule's card brings success and a reflection of how we are willing to sacrifice to achieve the victory we desire. This victory can be as much about us, about external circumstances, or even the achievement of someone else.

06 – CAKES AND WINE

Ritual Food is part of every Wiccan ritual.

The Banquet, as is also called the Ceremony of Cakes and Wine, can consist of foods such as bread, biscuits, cake, fruits, etc.

These foods represent the abundance of the Mother's Earth and when shared it symbolizes the bond that connects us as siblings who share gifts of the same Mother.

All food and wine are blessed during the ceremony while words like the following are said:

> *"I bless these foods and this wine so that they may bring abundance and fullness.*
>
> *We thank you for your kindness and blessings, Great Mother.*
>
> *So mote it be!"*

The food is then passed clockwise and all those that are present in the ceremony can eat and drink and be blessed.

Divinatory meaning: Cakes and Wine bring happiness, joy, honor, and friendship. It also indicates generosity, abundance, and nutrition for everything that you desire.

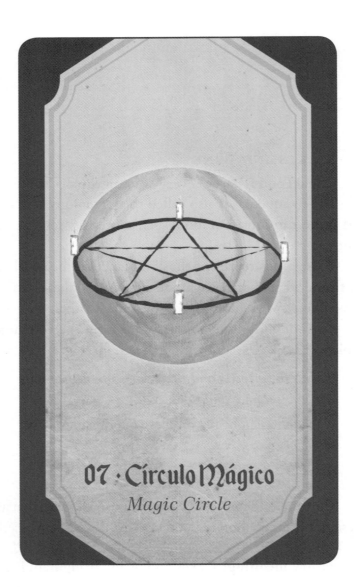

07 · Círculo Mágico
Magic Circle

07 – Magic Circle

Circles are universal symbols of totality, perfection, and communion with the Divine.

Every Wiccan ritual begins with the cast of the Magic Circle.

When a Witch draws a Magic Circle, s/he is cutting out a space to be set beyond this and other worlds.

The Magic Circle's main function is to contain the power raised during rituals until it is time to release it.

Probably the humanity began to use Magic Circles in an attempt to establish a bridge to communicate with their Gods because the moon, sun, and stars, which are above us, have circle shapes.

The use of the Magic Circle in Witchcraft practices is very ancient and they can be considered an indoor space that substitutes the Stone Circles that are found all over the world and that seems to have been used for the same purposes.

Divinatory meaning: In a reading, the Circle calls you to open your mind and heart to think positively, eliminating fears and doubts since you are protected and blessed by the Gods. Even if it is necessary to go in a long way, this card indicates that you are in the right direction.

08 · Caminho Óctuplo
Eightfold Path

08 – Eightfold Path

The conception of Eightfold Path originates with Gerald Gardner and is a set of methods that allow us to achieve enlightenment, happiness, and success in all magical practices and how magic can be accomplished:

- Meditation or concentration
- Trance or Astral projection.
- Rites, chants, spells, runes, enchantments.
- Incense, entheogens, wine.
- Dance and related practices.
- Blood control, breathing control, and similar practices
- The use of the scourge.
- Great Rite

The Eightfold Path is recognized in many Western Mystery Traditions with slight nuances and variations. In either case, it is a set of energy-enhancing techniques and practices that are incorporated into ritual magic.

Divinatory meaning: The Eightfold Path card assigns to a vital event in which you have little or no decision capacity. It is a card of change of luck that brings the ups and downs of life. To sum up, it always brings change that we cannot control and which we have to learn to accept.

09 – SAMHAIN

Samhain is the most important Pagan Sabbat and marks the Wiccan new year.

For the ancient people, this was considered not only a powerful moment but also the time when the veil that separates the world was thinner and the Gods and ancestors could meet human beings.

As an ancestors' celebration, this Sabbat also speaks of the death that is seen also as part of life to Pagans, always opening the way for the new. In this Sabbat, all who have died are remembered and their spirits are invited to take part in the rituals as guests of honor.

As death resembles completion, in this Sabbat we make a deep reflection about the end of relationships, finish of works and periods of life that need to pass, and also the things we need to let go.

Divinatory meaning: Samhain's card calls for renovation and a new time to come. It says that it may be necessary to give up some things, give up excesses, and take off masks and fantasies that you can have about yourself. It always indicates the necessary finalization of some cycles.

The Air Cards

AIR IS CONSIDERED THE GODDESS BREATH. This element is the "breath of life" without which nothing could exist.

In Wicca, the element air is present in our rituals through the incense smoke, scents that spread throughout the environment changing our consciousness and awakening our mind to memories that connect us to places, people, and situations.

The air is connected to the quarter east and is considered a male and active element. Its sacred colors are yellow, white and light blue and candles in these colors are used to mark the east quarter in the Circle. It is associated with Spring and dawn.

In a reading, the Air cards represent the power to expand and awaken our consciousness to the great truths. Being the main element when we need to increase our creativity, imagination, memory, and favor the intellect, the air cards indicate that the consultant needs to access these energies to reach the goal of the question inquired.

CORRESPONDENCES

Meaning: The mind, all mental work, intuition, knowledge, abstract learning, wind and breathing, inspiration, healing, harmony, thought and intellectual growth, travel, freedom, revealing the truth, finding lost things, psychic abilities, instruction, telepathy, memory, the ability to know and understand, know the dead secrets, meditation, discussions, beginnings, enlightenment.

Phase of life: Childhood

Time: Sunrise

Season: Spring - The freshness time

Keyword: Mental

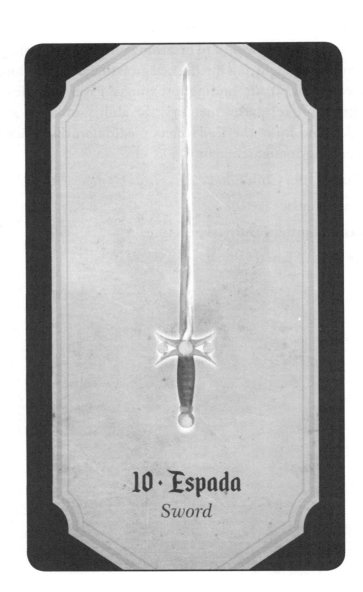

10 – Sword

Sword is a tool used in Ceremonial Magic, but often Witches use one in their rituals.

It can be considered a larger-sized Athame, thus it has the same purpose.

The Sword is a protective symbol and in some Traditions, it is only conferred on those who have attained certain positions within the Coven and/or Tradition.

It can be used in place of the Athame, symbolizes authority, and serves to mark a sacred or ritual space. Although it may take the place of the Athame as mentioned, many Witches have both in their ritual collection tools and will use what seems most appropriate for the moment.

Most Traditions never use swords in their rituals.

Divinatory meaning: The Sword card indicates that it is necessary to face situations in an authentic way to move forward with courage and strongness, so life can give back to us everything we desire. It is time to pursue your leadership skills at all levels.

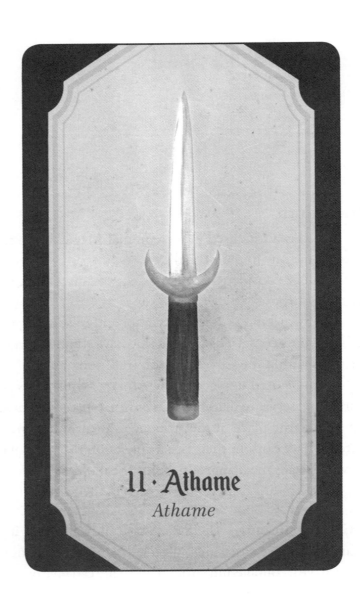

11 – ATHAME

The most important tool of the Witch.

The Athame is a black handle knife double-edged. Now, several other types of knives - ranging from those used for camping to the most artistic ones - are used as Athames.

With that, the Witches cast the Magic Circle, summons the powers, directs the energy, or consecrates things that will be used in a ritual.

Traditionally it is said that a person has no right to wear an Athame until they have passed through the initiation rite.

It is usually inscribed with magic symbols on its handle and kept sheathed when is not being used.

In some Traditions, the Athame is only used ritualistically, while in other paths it is used for all magical purposes.

It symbolizes the air element in the altar. In some Traditions, it is seen as a fire tool.

Divinatory meaning: The Athame's card symbolizes the ability to put universal forces into action for creative purposes. Athame makes all things in the realm of the imagination a reality. It can manifest the unmanifest and give life to everything that is in the mental plane.

12 – BOLLINE

It is a white handle knife used by Witches to harvest herbs, carve symbols into candles, make talismans, cut ritual food, etc.

The first Bollines were made in sickle small shapes like that of the ancient Druids. Now, knives of any size and shape, used only for magical purposes, can be considered a Bolline.

We could say it is the Witch's multi-use Athame.

The Bolline expresses the connection of the Witches with the force of nature and is used for all practical purposes within a magic circle.

Divinatory meaning: Bolline's card reminds us of the connection with nature and balance and also the cultivation of that sacred relationship can offer and bring. As nature expresses full freedom, the Bolline card brings the need to be free and break boundaries and paradigms. By its association with herbs, it is an extremely positive card that express the growth, abundance, and fruitification of everything that is desired. It is also a car of healing.

13 – Priest

The Priest's duties are similar to those of the Priestess. Like her, the Priest passed through the Initiation rite, have been practicing the Craft for a long time, and is now able to give trainings to people in the Craft ways. In the Circle, he is the God representative in the rituals.

Traditionally, the Priestess magically leads the Coven and the Priest organizes and administers it, favoring the relationships of the community. The relationship between the Priestess and the Priest is a partnership that favors the Coven as a whole.

The Priest is an adjunct in all rituals working side by side with the Priestess performing invocations, helping to cats the Circle, and initiating the people who will integrate with the Coven.

He usually wears a staff, a horned helmet, and sometimes also bracelets to symbolize his leadership and position.

Divinatory meaning: The Priest's card represents the entire learning process within a specific set of rules. This card also says that it is time to seek knowledge by the safest and most official paths and that any action that conforms with established rules and laws will be successful.

14 – BROOMSTICK

The broomstick is often used to clean a sacred space, serve as a doorway, and also symbolize the union of the Goddess and the God. The stick represents the God's phallus, while the bristles of the broomstick symbolize the Goddess's womb.

Exactly, for this reason, it was used among peasant people in sympathetic magic rites where the Witches jumped on their broomstick in the fields. They believed that as higher they jumped higher the seeds would grow and abundant the crops would be.

The broomstick is used to sweep energetically a space that will be used for performing a ritual. The sweeping is not performed physically and actually what is swept is just the air, while the Witch visualizes the space being cleaned of negative influences.

The traditional trees used to make a broomstick are birch, willow, and ash.

Divinatory meaning: The Broomstick card may indicate an inner or physical journey into our essence or can bring the restoration of a situation. It marks the arrival of a new reality or a journey to a new land. It may indicate that, although at the present moment we cannot realize, everything that is happening will culminate in progress that will bring new visions and directions.

15 – Ostara

Ostara is the Spring Equinox, the time to celebrate the return of the flowers as gifts of the Goddess.

At this moment, the renewal of the Earth is celebrated and the Goddess presents herself as the Maiden of the Spring and the God as a young warrior. Their union will be consummated in Beltane where the Goddess as the Earth, and the God as the Sun, will bring the germination of the seeds planted in the Spring season after their wedding.

One Ostara Traditions is to paint eggs with symbols and colors that represent our desire and, then, plant or deposit them at the foot of a leafy and flowering tree. The eggs represent the seeds of our dreams and the desires that when being left on earth will germinate granting us many blessings.

Ostara represents the time that celebrates the union and love between the Goddess (Moon) and the God (Sun) when the restoration of balance is celebrated in the world because on this date day and night have the same amount of time. Therefore, it is an ideal moment to strengthen the energy of complementarity between man and woman.

Divinatory meaning: The Ostara's card indicates that this is the time to "plant" and grow our "seeds". It is time to ponder everything you want to see fruiting in the future, set your goals so that at the appropriate time the harvest can be plentiful.

16 · Livro das Sombras
Book of Shadows

16 – BOOK OF SHADOWS

Inside of a Coven, it is common to have a specific Book of Shadows that is copied by all initiates and that reveal the sacred rites of the Tradition that you have been initiated.

The initiates copy the entire Book from its initiator to get more involved with the Craft texts.

In the non-initiatory and the eclectic Wicca, the Book of Shadows takes the form of a magical diary that enchantments, spells, and rituals are recorded. In that book are transcribed all rites that we find interesting, as well as our thoughts, invocations, myths, and everything else that is relevant to our magical journey.

Divinatory meaning: The Book of Shadows card invites us to seek the meaning of things and to question ourselves internally to find the necessary answers. This card brings the need for silence, solitude and says it is time to meditate to achieve balance. Briefly, it is a period of reflection, study, and evaluation of some situations.

17 – Censer

It is used to contain the incense for the rituals. The Censer is carried through the room in wich a rite will be performed to the incense smoke purifies that place.

Another word to Censer is Thurible. It comes from the ancient French *thurible*, which is derived from the Latin *turibulum* coming from the alteration of the Greek word θήος (*thíos*), which is derived from θήειν (*thíein*) which is linked to the act of "sacrificing" or the word "*theos*", which means divinity.

The Censer is used both to create sacred scents to please the Gods and also to change things from solid to ethereal form, burning up them with fire when this is necessary while a ritual is performed.

It is employed not only in Wicca but in many spiritual mystery traditions which include Gnostics, Masons, etc. It is also employed in ceremonial magic practices and has also been used in domestic worship throughout the history of the Roman Pagan religion.

Divinatory meaning: Censer's card brings the mind's strength instead of physical strength. It indicates that diplomacy can open a way that cannot be opened by physical force. In a reading, this card speaks of the need for purity of thoughts and intentions to achieve the desired goals.

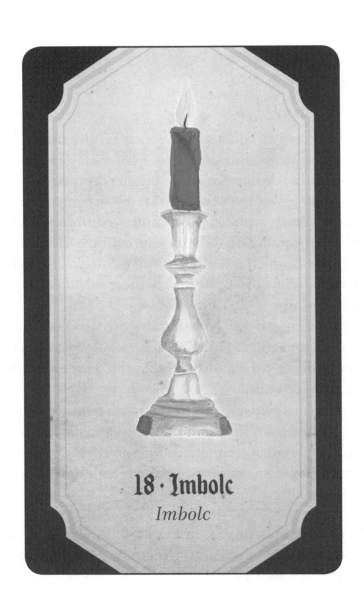

18 – Imbolc

To the ancient people, Imbolc was the coldest time of the year where there was no more firewood available for the bonfires usually seemed in the celebrations of the Sabbats. So, the "bonfires" took shape in candles processions made through the field to purify the land for the planting of the new seeds.

The many candles represented the power of the sunlight that was getting close with the arrival of the Spring.

Imbolc is the festival that celebrates light into the darkness. It is the ideal moment to banish our remorse, guilt, and plan the future. The Goddess is taking care of her baby, the Child of the Sun (the God). She and her son are moving away from the Winter and the God grows strong and powerful. In this celebration, the Goddess Brigit, Lady of the Fire, the life, and the knowledge was honored in the Celtic lands and everyone thanked her for keeping the fire of the fireplaces lit during the dark and cold Winter nights.

Divinatory meaning: The card of Imbolc says that it is time to banish remorse and guilt to plan the future. It is time to purify and banish the darkness of ignorance and fear so that you may shine in all splendor. This card may also indicate that it's time to nourish something that has just been born.

The Fire Cards

FIRE IS CONSIDERED THE GODDESS SPIRIT which brings light and brightness to the Earth. This element is the divine spark that burns within each of us and that makes us stay alive, in action, and conquering things.

In Wicca, the Fire element is present in our rituals through candles that attract the sacred presence to the Circle, whose light makes visible the path to the Gods and Ancestors to get in.

The Fire is connected to the South quarter and is considered a male and active element. Its sacred colors are red, orange, and gold, and candles in these colors are used to mark the south quarter in the Circle. It is associated with Summer and noon.

In a reading, the Fire cards have the power to bring us the energy of accomplishment necessary to achieve our spiritual and material goals. Being the main element when we need to increase our willpower, desire, vigor, dynamism, and protection, the fire cards express that these qualities are necessary to achieve our goal.

CORRESPONDENCES

Meaning: social environment, purification, campfires, fireplaces, candles, sun, eruptions, explosions, freedom, change, vision, perception, inner vision, lighting, learning, love, passion, sexuality, authority, challenge, creativity, loyalty, strength, transformation, protection, courage, superior self, success, refinement, the crafts, evolution, faith, physical exercises, body awareness, vitality, self-knowledge, power.

Phase of life: Youth

Time: Noon

Season: Summer

Keyword: Social

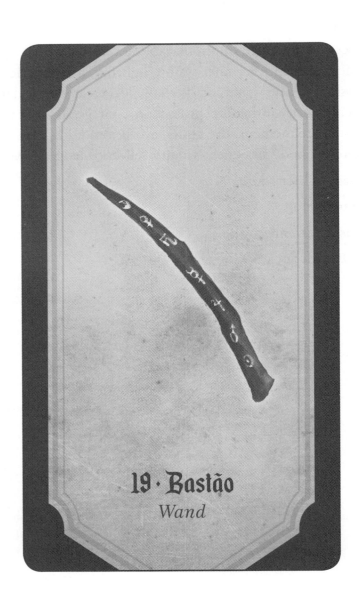

19 · Bastão
Wand

19 – Wand

The use of the Wand is similar to the Athame and can be used for the same purposes.

The Wand is made with a tree branch or with a copper or bronze pipe with a crystal top at one of its tips. Usually, a Wand has the same measure that goes from our elbow to the middle fingertip of the hand which we write, called the hand of power.

The most common woods to make a magic Wand are willow, oak, and birch. If you cannot find any of these trees in the place you live, you can make your Wand with a branch of any tree that has special meaning to you.

The Wand is connected to the element Fire and on the altar, it is positioned in the South quarter.

Divinatory meaning: The Wand's card indicates that forces and desires are growing inside you and it is time to have the audacity and courage to put the energies in motion. This card says that you have the power to achieve personal fulfillment, you just need to believe in your abilities.

20 · Colar
Necklace

20 – Necklace

The best-known Pagan tale about a magical necklace is the myth of Freya and the story of how she acquired her beautiful necklace, the so-called Brisingamen.

The myth tells that Freya traveled to the goblins' land because she wanted to order a necklace of great power and beauty. She searched for the four goblins' brothers known to be the best craftsmen in their kingdom and there she placed her order. They agreed to make the necklace as long as Freya made love to each of them. Freya had no doubts and agreed and for four nights her magic necklace was forged.

The name Brisigamen (as the necklace was named) comes from the old Norse word *Brisingr*, which means fire. This refers to its brightness as much as it makes reference to the stars in the sky leading us to the concept of the Star Goddess *"She in the dust of whose feet are the hosts of heaven, and whose body encircles the universe",* paraphrasing the Charge of the Goddess.

Consequently, the necklace is a symbol often attributed to the Mother Goddess. The necklace represents the four cosmic cycles of generation, birth, life, and regeneration of life through death.

Divinatory meaning: The Necklace card brings the human strength to create but also reminds us that all the things that were born one day need nutrition and protection to remain developing itself. It is time to give love, seek harmony with the Goddess and the nature to achieve material and spiritual fulfillment. Indicates a positive conclusion in everything.

21 – SECOND DEGREE

It marks the second sacrament that the Witch passes through after a long period of learning. From this point in the journey, it is time to overcome the challenges and obstacles that every magical path brings.

The Second Degree Initiation reflects the moment when a Witch fully integrates the shadow to develop the skills to achieve all her/his full potential.

In the Second Degree Initiation, one has not yet reached the highest position. However, the Witch takes here a more prominent position and a great responsibility for the Coven and the Craft as a whole.

To get this level, the Witch must undergo a long training on the religious, ritualistic, philosophical, and magical bases of Wicca and must know the main Craft rites.

Divinatory meaning: The Second Degree card says that it is in the most challenging and bad times that we must seek strength to overcome difficulties. In the most conflicting moments, it is where we usually close our eyes to reality, preferring to ignore face the facts instead extracting wisdom from the situations. This card indicates that it is necessary to free ourselves from physical and material prisons so our true spiritual nature can flourish in all its splendor.

22 · Deus
God

22 – God

Wicca is a religion based in polarities, so in addition to the Goddess, there is also a male principle, the God. He is considered the son and the consort of the Goddess. He is often called the Horned God.

His association with the horns has nothing to do with Devil's figure. The Christian Demon was only represented with horns from the Inquisition ahead to denigrate the image of the Pagan Gods.

He is depicted with horns on his head for his association with animals and hunting. The Horned God is the Lord of animals and abundance. While the Goddess is represented by the Moon, he is symbolized by the Sun that makes the seeds grow inside the Earth that will be harvest to nourish the Great Mother's children.

Divinatory meaning: The God's card brings the strength of achievement and victory. It indicates that through order and discipline everything will be possible. It indicates that it is time to follow the birth of the first sprouts of the seeds that you have planted and that are germinating. As a hunter, you need to know the best time to move forward or wait when you want to reach your target.

23 · Açoite

Scourge

23 – Scourge

It is a tool used only in Traditional Wicca.

Some people claim that the Scourge seems to have sadomasochistic characteristics and therefore prefer not made them part of their magical artifacts.

However, the Scourge is never used to hurt. It is used for two purposes. One is to ask the Goddess to relight negative attitudes, while the person who asks for grace puts his head on the altar and takes some light flogged. The other is to induce the trance through the rhythm of its snaps.

The scourge has been used since ancient times in numerous traditions of mysteries like the Cybele's cult between the Corybantes and Kouretes.

Divinatory meaning: The Scourges card says that the time has come to assume our responsibilities and consequence about our actions. Throughout this process perhaps small sacrifices and atonements maybe necessary. This card also brings the need to purify our minds and hearts to advance lighter toward achieving our desires. The Scourge card, in general, says that you need to give more of yourself regarding the reading question.

24 – Litha

Litha represents the apogee of the Sun since it is the Summer Solstice. This is the longest day of the year, but from here the nights will be longer than the days, gradually bringing the Winter to Earth.

On this day, the God reaches his maturity and in ancient times it was celebrated with great bonfires. The bonfires represented the great power of the Sun King and granted more energy to him, so the Summer would last longer and the Winter would not be so rigid.

Pagans have always recognized the strong power and the Sun's creation, as have many religious groups. So, this is the ideal time to celebrate life and growth.

One of the traditions of the Summer Solstice consists of picking flowers in a park, grove, or garden and go to a crystal-clear well to offer it to the Fairy Folk that are easily accessed at this time of the year.

In Litha, we celebrate the abundance, light, joy, warmth, and brightness of life provided by the Sun. In that instant, the Sun transforms the destruction's forces with the light of love and truth. Litha is the pinnacle of the Sun's power, the Goddess has been fertilized by the God. From this moment the Sun God will slowly begin his journey towards the Summerland and will die in Samhain.

Divinatory meaning: The Litha's card brings the strength of fullness, light, beauty, and brightness in all its manifestations. It is time to act with self-confidence, for the future prognosticates success and achievement in every way.

25 – Cone of Power

When Witches gather in their rituals and generate power within the Magic Circle, it is believed that a form of an ascending cone within the boundaries of the circle emerges from the ground. This form of energy is called in Wicca by Cone of Power. This energy can be directed anywhere in the universe to cause necessary changes through magic.

This energy can be increased by one of the methods of the Eightfold Path. However, the most common to be used for this purpose is dance and singing. The Cone of Power can be generated and directed both collectively in a Coven or by an individual when he works alone. The energy of the Cone of Power is psychic and arises from our bodies and minds, so it does not involve the invocation of any spirits or spiritual beings.

Divinatory meaning: The Cone of Power card indicates a near conclusion moment. Everything is ready to be accomplished. The universe is in motion. Soon it will arrive favorable news related to the reading theme. This card indicates an outcome that is close to complete and that will bring growth.

26 · Roda do Ano
Wheel of the Year

26 – WHEEL OF THE YEAR

Since Wicca is a religion that celebrates nature, nothing more logical than its sacred ceremonies be related to the changing of the seasons.

These celebrations are collectively called Wheel of the Year, are the Sabbats where Witches sing, dance, and celebrate the life, thanking the Mother Goddess for the uninterrupted continuity of the harmony of nature's cycles.

The Wheel of the Year represents the eternal cycle of birth, life, and death of the Horned God who is the Sun himself. This is the personification of the old European agricultural calendar based on the planting, growing, and harvesting of the seeds.

The Sabbats celebrations are the moments that we give thanks to the Gods through rituals for the harvest and the continuity of abundance.

Divinatory meaning: The Wheel of the Year card brings the flows and ebbs of life and brings the need to learn how to deal with impermanence. Nothing is fixed and everything is constantly changing. This card indicates ups and downs that we must learn to deal with, otherwise, our goals will not come true.

27 – Beltane

Beltane, which can be translated literally as "Bel Fire" is the ultimate fire celebration.

This was the event that celebrated the middle of Spring and preparation for the Summer arrival, and consequently, it was related to the fertility expected for next year.

In this Sabbat a man and a woman were chosen to represent the Queen and the King of the Spring, alluding to the Goddess and the God. Cattle and people passed through sacred fires to be purified, while the smoke ensured fertility and blessings.

In this time of the year, the God reaches the strength and maturity to join the Goddess and together they bring warmth, light, and germination to the seeds of the earth that will be harvested in Lammas.

The Goddess and the God are in full vitality and love each other with all intensity. It is the moment of the union between creation principles of male and female and all the powers that bring life to everything.

Divinatory meaning: Beltane's card indicates the end of a dark period and the arrival of a new dawn that can bring, among many things, the beginning of new love. It also brings freedom, the exercise of free will, and the ability to open to the world to live all opportunities and possibilities. It brings fertility in every way.

The Water Cards

WATER IS CONSIDERED THE WOMB OF THE GODDESS, the generation element responsible for the beginning of life on Earth. Water is present in 70% of the human body, connecting us to indoor and outdoor flows and ebbs.

In Wicca, the element of water is present in the rituals through the potions and filters set on the altar.

Water is connected to the West quarter and is considered a feminine and passive element. Its sacred colors are blue, silver, water green, and candles in these colors are used to mark the West quarter in the Circle. It is associated with Autumn and dusk.

In the readings, the Water cards have the power to bring us the energy of emotions and balance to reach the totality of our being. Being the main element when we need to increase our self-esteem, empower our emotional side, the water cards indicate that it is necessary to tune in with the universal symbol of the feminine element, with the unconscious, with fertility, motherhood, and the generated power to achieve goals and desires.

The Water Cards | 83

CORRESPONDENCES

Meaning: Emotions, feelings, love, courage, tenderness, sadness, intuition, unconscious mind, womb, generation, fertility, plants, healing, communication with the spiritual world, purification, pleasure, friendship, marriage, happiness, sleep, dreams, psychic, inner self, sympathy, love, reflection, tides, and currents of life, the power to dare and purify things, inner wisdom, search for vision, heal yourself, inner vision, security, journeys.

Phase of life: Maturity

Time: Dusk

Season: Autumn – The time of the harvest when the rain washes the Earth

Keyword: Emotional

28 – Cup

The Cup is one of the symbols of the Sacred Feminine and womb of the Goddess.

It is used to contain wine, water, and other liquids that are used in the rites.

It can be made of soapstone, wood, crystal, or any other material that looks pleasing to the Witch's eyes. Metal cups are not recommended as they can cause chemical reactions to the wine and consequently causing serious damage to health.

The Cup is the symbol of the element water upon the altar.

It reminds us of the concept of Cerridwen's cauldron that brings wisdom and knowledge to all those who drink their sacred liquid.

Divinatory meaning: The Cup card calls us to explore our inner self and soul depths. It is a card that has a highly spiritual symbolism, which speaks of our vocation and to the calling of the Goddess. It is time to hear the voice of the heart to understand the great mysteries.

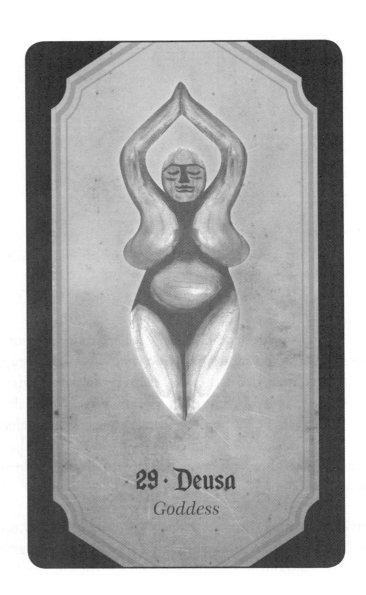

29 · Deusa

Goddess

29 – GODDESS

The Goddess is the sacred feminine principle, the one who has created everything and everyone. We know that the first people of Earth did not believe in a Creator God, but rather in a Goddess, a primordial feminine Deity, and it is in these myths that Modern Witchcraft seeks inspiration for its religion. The Goddess is seen as immanent, in other words, it is present everywhere. She is the four elements, the Earth, the Moon, she is me, she is you.

Many myths around the world have portrayed the sacred feminine in a trinity of Maiden, Mother, and Crone, so this is how She is seen by many Wiccans. On the Crescent Moon, the Goddess is symbolized as a Maiden, in The Full Moon She is a Mother and in the Waning She is a Crone. One of its most important symbols is the Moon since the lunar mysteries have always been associated with the women menstrual cycles, which consequently bring the powers of life and the Goddess.

Divinatory meaning: The Goddess card awakens us to the true connection with the Great Mother. It is a positive card that brings fertility, abundance, and growth at all levels. It arises our psychic gifts and powers that can help us at all times in our journey.

30 – First Degree

First Degree marks the Witch's initiation into a Coven and a Tradition.

In the First Degree Initiation the Witch is introduced to the Gods of the Coven, to the Ancestors and the Spirits of the Elements recognized in that Tradition.

To reach this level, the Witch must have learned about the most basic magical practices and went through an uninterruptedly Wheel of the Year celebrating all the Sabbats and Esbats.

During the training time, the Witch is taught about the principles and philosophy of Craft, the correct use of the Tools, must know how to cast the Circle, raise and direct energy, create and perform spells and rituals in general, and how to invoke the Goddess and the God and the Spirits of the Elements in accordance to the precepts of the Coven.

Divinatory meaning: The First Degree card speaks about a process that is at its beginning and needs more time to mature and grow. It is a promising card if we know how to wait and if we have the right discipline and commitment to our true purposes. In general, it indicates a starting point in some processes.

31 · Bracelete
Bracelet

31 – Bracelet

The origin of the term 'bracelet' comes from the Greek *brachial* meaning 'from the arm' and it came through ancient French.

We can trace the history of the bracelets use from ancient Egypt, where they were made with materials such as bones, stones, and woods that had strictly religious and magical functions. They are also found in Greece. There is a very ancient tradition in which bracelets made with natural fabrics were braided on May 1st (Beltane) to help to protect the user's skin from the scorching sun. Later we found the bracelets as symbols of power and royalty in different cultures.

Anyway, what we can see through history is that the bracelet was not just a jewel. It served as talismans and amulets for personal protection against evil spirits and forces or to accomplish some magical purpose as healing and protection.

In Wicca, the bracelets are usually worn by the priesthood to express their position of leadership over unity and discipline.

Divinatory meaning: The Bracelet's card calls for impartiality in decisions. It is time to solve issues, taking into account the correct sense of justice and ethics. The Bracelet's card calls us to balance emotions and reasons to bring the truth and honesty to judge all situations.

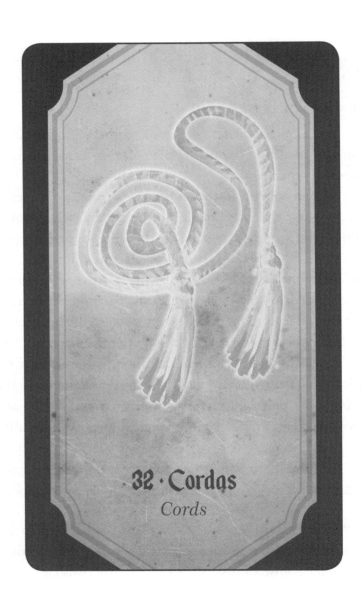

32 · Cordas
Cords

32 – Cords

The Cords are often used in Wicca as an integral part of spells or may simply be the spell itself when worked properly. One of the most traditional is the knots spells in which a specific number of knots is made along a cord, while enchantments and affirmations to each given knot are recited.

The size of the cords is usually 9 feet (2.75 mt), the traditional size of a Magic Circle.

Many Witches use cords of several different colors.

A Witch will usually have 9 cords of many colors and for different purposes, each one with a specific meaning.

Inside a Coven, cords of different colors can mean different degrees. By the way, they express the connection of the initiates with the group and with their Tradition.

Divinatory meaning: The Cords' card represents our connection with all that is important and significant in our lives. It may mark a moment of inertia or a situation that we must take a step back before moving forward. It also marks a moment of rebirth.

33 · Mabon
Mabon

33 – Mabon

Mabon is the Autumn Equinox and marks the festival of the second harvest.

Now the Sun moves faster towards Winter and what was planted in Ostara now reaches its final harvest that begun in Lammas. It is time to be grateful for the abundance, and also a moment to recognize the balance of life because in the equinoxes day and night have always the same duration.

It was the time when ancient people started to stock up their food and stored grains to have enough food during the Winter months.

Mabon is the thanksgiving festival when we remember the achieved gains. Therefore, one of the Traditions of this Sabbat is, at meals time, to place a Cup with wine in the center of the table and let it pass through, from hand to hand, while each person present give thanks and express wishes for happiness to everybody.

Divinatory meaning: The Mabon's card says it is time to prepare your saving to be used at a required moment. It is time for balance, gratitude, to meditate on your project choices, and to give thanks to everything you have achieved.

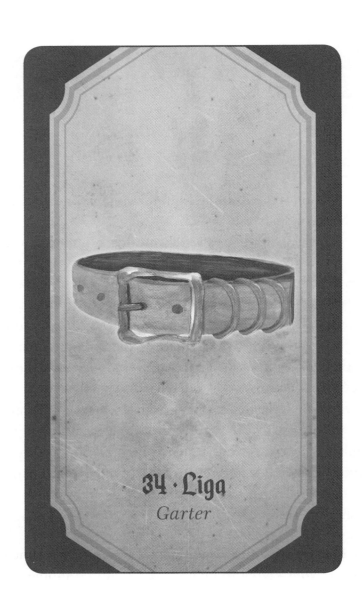

34 – GARTER

There are several portrayals of Witches using a Garter. It is not known for sure whether the artists were portraying the typical fashion of a certain period or if the accessory has been related to Witches since forever. Some modern researchers hypothesize that Witches from past centuries could have used the Garter as amulets because they could be easily hidden beneath the clothes and be kept away from everyone's eyes.

In Modern Witchcraft the Garter is an important symbol used only by a Witch Queen, that is, a Priestess who has at least 3 Covens hived off from her group.

A Garter is used by the High Priestess, the female Coven leader, and represents her supremacy over all the other groups downline from her. The Garter is adorned by a large silver buckle, representing the Coven founded by the High Priestess herself and smaller buckles that hold a corresponding quantity to the Covens that hived off from her. Traditionally, it is used on the left leg, just above the knee.

Divinatory meaning: The Garter's card indicates that you can group other people around you in favor of a common ideal and that you should learn use this to your advantage. The Garter's card says it is time to believe in yourself, so your faith can be transmitted to others. This card indicates leadership power and ability to inspire.

35 · Esbat
Esbat

35 – Esbat

In addition to the celebration of the Sabbats, Wiccans observe other important changes that occur in nature such as the moon phases.

The most important phase is the full, the time when the moon is in its maximum power, at the apex of its strength. The full moon represents the Goddess in her Mother aspect, her primordial face.

The Esbat is the best time to work spells and divination. There are 13 Esbats rituals in one year, according to the ancient 28-day moon calendars with 13 months.

In the Esbat we honor our Gods and thank them for their blessings and presence in our lives. If necessary, we can also perform divinatory practices and healing rituals at this time. A Full Moon Ritual may also consist of just feeling the flow of energies or meditation.

Divinatory meaning: The Esbat's card invites us to explore our unconscious world dominated by the inner tides. It indicates the need to go through different phases and stages of a process until things are clear and situations may be clarified. This card may also indicate that it is time to put magic into action to manifest your desires.

36 – Lammas

Lammas, also known as Lughnasadh, is the Sabbat of the first harvest, a moment when the first grains were harvested, bread made and the abundance returned.

At this time offerings to thanks the Gods were made, grains were consecrated to be planted later and the God was celebrated as the Lord of the grains who had made his first sacrifice to feed the children of the Goddess.

One of the traditions of this Sabbat is to make a corn or wheat doll and put it somewhere in the house to represent the Goddess as the Lady of the harvest. It is believed that this ensures the continuity of abundance in our lives.

Lammas was a Celtic festival in honor of the Sun God (Lugh). He now is transformed into the God of Shadows, donating his energy to the seeds so the life can be sustained, as the Mother prepares herself to become the Crone. This powerful ritual emphasizes the relationship of fire with the Gods of life and the spark of creation.

Divinatory meaning: The Lammas' card marks the end of scarcity because now it is harvest time. Your sacrifices begin to be rewarded after a certain moment of waiting. It is time to evaluate the multiple possibilities that life will bring to you and a moment tomake wise choices to enjoy the best use of this beneficial stage to harvest everything you have planted before.

The Spirit Cards

THE SPIRIT IS THE SOURCE of the other four elements, the origin of all that exists and is considered the divine light.

In Wicca, the Spirit element is present in the divine presence that can be felt at every ritual when the Gods are invoked.

It represents the force present in everything that provides space, connection, and balance to bring all the other elements into existence. With this element, we establish the connection with the soul depth, the feeling of joy and unity, transcendence, transformation, change, and we achieve the sacred epiphany. It is the purest energy of the Goddess and the God.

It is essential to our sense of connection with spirit and well-being.

In a reading, the Spirit cards represent the feeling of joy and unity, transcendence, transformation, change and express that union of the human spirit and divine energy are necessary to achieve all that is desired.

Correspondences

Meaning: Infinite, the cosmos, the Gods, the creator power, self-knowledge, internalization, universal power, eternity, high frequencies, paradigm shift, holistic vision, universal harmony, multidimensional plane, invisible power, expansion, absolute truth, unity, mystical ecstasy, deification, gifts, catalyst power, consciousness, transpersonal power, the image of self, transmutation, connection with the divine, light.

Phase of life: Transcendence

Time: All

Season: All

Keyword: Spiritual

37 – GREAT RITE

Great Rite is the name given to the symbolic moment of the consecration of the ritual drink. Usually, the drink used for ritual is wine, as it symbolizes blood and life itself.

The Great Rite is usually done at the end of each ritual, but some Traditions prefer to perform it at the beginning of the ceremonies.

In the Ceremony of the Great Rite, the Cup and the Athame are the magic tools used to perform the ritual. The Cup represents the Goddess and the power of life creation. The Athame represents the God and fertilizing power. When Athame is dipped in the wine inside the Cup, the union of the Goddess and the God is symbolized.

The Great Rite is also called the Sacred Marriage and it is through this rite that the blessings of the Gods are bestowed upon all who are present at the ceremony.

Divinatory meaning: The Great Rite card brings the union of opposing forces to create something greater. The general meaning is that you are under the blessings and protection of the Goddess and the God. Thus, everything will happen positively and there is nothing to fear. This card represents fertility and birth.

38 – Fivefold Kiss

The Fivefold Kiss is a ritual kiss involving five parts of the body, performed in certain Wiccan rites and ceremonies.

It is done ritually within the Magic Circle as a symbolic act of reverence performed between priest and priestess or by the Goddess and the God each other. In other words, the fivefold kiss is always made from man to woman or from woman to man.

Such kisses can be given on the parts of the body that, with the arms and legs extended, correspond to a pentagram points: head, hands, and feet. Or that can be given in other five specific points of the body: on each foot, on each knee, above the genitals, and on the breasts and lips.

In Wicca, all nature is sacred. The animals, the trees, the elements, and all life. The human body is also sacred because it is part of nature. It is matter and energy, element, and spirit.

Divinatory meaning: The Fivefold Kiss card says that the time has come to honor your body as a sacred receptacle of the Goddess and the God essence. It is time to pay attention to the sensations and signs that your body gives you. This can be useful in many circumstances, going from identifying a potential disease to an important decision you need to make and that your body can give signals whether it is the right business to proceed or not. Always remember: the body speaks.

39 · Terceiro Grau
Third Degree

39 – Third Degree

A Witch only receives the Third Degree after have fully integrated the Craft paths into his/her life.

When the initiate arrives at this stage can establish her/his Coven and becomes completely independent of the Mother Coven from which she/he hived off.

The training to grant this level can take years because only the Priestess and/or Priest who initiated the Witch can evaluate the best time for a person to make that commitment and be elevated to the Third Degree.

It is the highest position that a person can reach in most Wiccan Traditions that adopt a degree system. From this degree ahead the Initiate is called High Priestess or High Priest and becomes a guardian of the mysteries and oral knowledge of her/his Tradition.

Now, the Witch has already passed through the wonder of the First Degree, the challenges and the meeting with the Shadow in the Second Degree and the time has come to touch the Great Mystery that can awakening the soul to find wholeness.

Divinatory meaning: The Third Degree card states that you are about to achieve your deepest desires and find happiness. It is an extremely positive card which indicates that from this moment you know yourself and everything else better, you have achieved the knowledge of your truth's heart desire and now know your True Will.

40 · Caldeirão
Cauldron

40 – Cauldron

The Cauldron is the Goddess's highest symbol. It represents Her condescending womb from which everything arose, arise, and will arise. It represents the union of the 4 elements, which give birth to the sacred quintessence.

In Celtic mythology, it was associated with Goddess Cerridwen and the God Dagda who possessed a Cauldron of Inspiration and Life. Anyone who drank from its content would have eternal wisdom.

This sacred Cauldron was guarded by nine maidens who represented the three Goddess faces. Based on these myths, the Cauldron also represents the concept of reincarnation and the cycles of birth, death, and rebirth. It symbolizes the womb of the Goddess from which everything emerges.

The Cauldron is always placed in the middle of the altar symbolizing the sacred quintessence where the 4 elements will meet, or at its feet to symbolize the source of knowledge and wisdom from which is possible to sip everything we need to learn.

Divinatory meaning: The Cauldron's card speaks of the search for wisdom and knowledge that only the Goddess can provide. It brings inner peace, serenity, harmony, end of battles, and renewal. This card always asks us to seek peace and for the balance that lives inside of us.

How to do a reading with the Witches Oracle?

Starting

Find a quiet space with a clean, flat surface.

If you are working with a new deck, tap each of the cards while looking at the images, and recalls their meanings. This creates an energetic link with each card.

Holding your cards, establish an intention that demonstrates you are energetically connected to them and that your readings are for the greater good. If you want, bring the cards to your heart and then define your intention.

You can also perform a purification ritual and a simple consecration of your new deck with the four elements of nature: pass it through incense smoke, over a candle flame, splash a few drops of water on it and, to finish, touch your favorite crystal on each card.

Keep your cards wrapped in a reading cloth - a piece of cloth on which you will place the cards while reading them.

You mustn't allow other people to touch these cards casually.

Shuffling your cards

As you shuffle the cards, think of your question, imagine that your cards are absorbing the words.

Ask an open question like *"What do I need to see/know today?"*. Or ask for advice *"tell me about situation X"*. Repeat your question aloud or in your mind as you shuffle and stop when you are ready.

If you are reading to someone else: give the deck to the person and ask her/him to shuffle, thinking about the question or situation in the meantime. So, when the deck returns to you, the person should verbalize the question aloud.

Cutting the cards

Then the cards should be cut into three piles.

Choose one of the piles and join it with the two remainings, working from left to right.

If you are reading to someone else, ask the person to make three piles, and to choose one. Then join the remaining two piles, working from left to right. Take the deck and hold it face down and draw the cards from the top of the deck accordingly to the reading spread chosen by you.

How to make a good reading

Reading is not always an easy task, but you can rely on the following steps to help you:
- Select a spread that best suits the circumstances of your reading.
- Focus on your question or ask the consultant to focus on the question and stop when want to cut the cards.
- If you are reading to someone else, ask the consultant to deliver the cards back to you.
- Cut the cards or ask the consultant to do so.
- Place the cards according to one of the reading spreads provided further on.
- Look at the spread and check:
    > How many Earth cards appear?
    > How many Air cards came out?
    > How many Fire cards are present in the reading?
    > In the reading, how many Water cards are there?
    > Are there cards related to the Spirit? If so, how many?
- The preponderance of cards from one element in the spread determines the tone of its reading:
    > Many Water cards indicate an excessive amount of emotions and feelings.
    > A high amount of Earth cards, too much concern for finances and the material world.
    > Multiple Air cards, conflicts.
    > On the other hand, an excessive amount of Fire cards indicates a troubled social life.

> A preponderance of cards from the Spirit element indicates that it is time to pay attention to your spiritual life

- Try to finish the reading always on a positive note but be as true as possible in the interpretation.
- Don't do too many readings for the same person in a single day, as it will create confusion in their mind. Take time between each reading.
- If a card falls from the deck during the shuffle, be sure to read its meaning as well. All these cards have information about the consultant.
- Check the last card of the deck after you have laid the cards according to the chosen spread. There is a message in it as well that is being ignored by the person for whom the reading is done.

Spreads

The cards spread express the way the cards are positioned on the table in the reading. Each position has a meaning and give a playing field in wich the card can express itself.

Several spreads can be used and here we list only a few of them for you to start a relationship with the Witches Oracle.

You should determine the spread to be used based on your personal preferences or taking into account the reading subject.

In addition to the spreads shared here, it is worth mentioning that the Witches Oracle is compatible with any cards spreads from any other cartomancy system: Tarot, Lenormand, etc. The reading spreads used in those systems can easily be adjusted to the atmosphere of the Witches Oracle.

Below, we provide some spreads for you to start your reading.

Diana's Bow

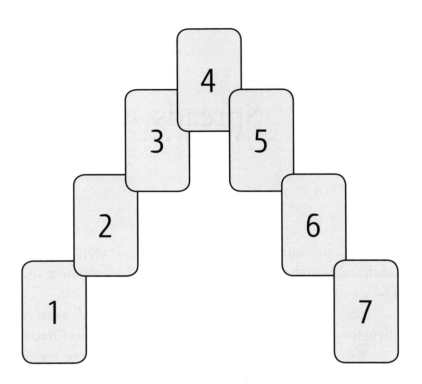

1. Past
2. Present
3. Future
4. Advice
5. Influence
6. Obstacle
7. Conclusion

Hekate's Key

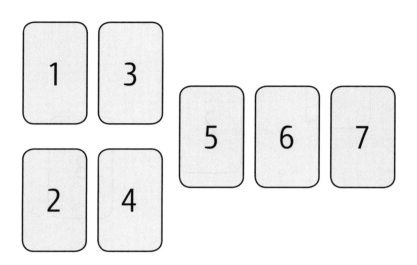

1. What secret is being hidden from me?
2. Whos is hiding this?
3. What is the motivation of that person?
4. What challenges this bring to me?
5. How can I overcome this challenges?
6. What I will learn with this situation?
7. An advice for this moment?

Sky, Sea and land

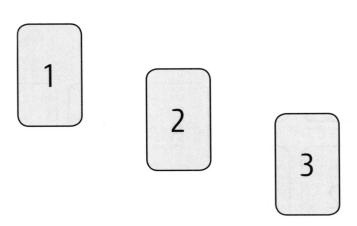

1. Sky: what are the Gods' desire for your life now?
2. Sea: what experiences this will bring to you?
3. Earth: how to manifest this?

The Priestess' Advice

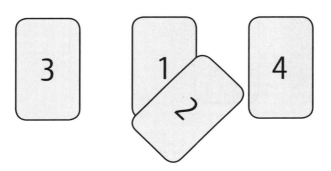

1. Current situation.
2. Obstacles that you will have to face.
3. Lesson to be learned.
4. Final result.

Challenge - Solution

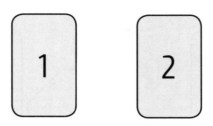

1. What is your challenge in this moment?
2. What is the solution for this challenge?

Final Words

For more than 25 years of my life as a Witch, I have been looking for a deck oracle that would bring the Witches' imagery with the rich symbology that Wicca provides. Throughout my search, I could not find a deck that could satisfy my longings. They were too simple, or they brought a mixture of symbology that, in my view, escaped from the elements found in the Craft that are common among the different Traditions.

The result of this search is now the deck you hold in your hands.

If at any time you want to deepen your experience with this oracle, I highly recommend reading one of my books "Wicca- the Goddess Religion" or "Wicca for All" to become familiar with the many concepts of the Wicca and that permeate each card, to be able to take advantage and extend to the maximum your interpretations when using this deck.

However, you will realize that the Witches Oracle is quite intuitive and, although, it can be better understood by Wiccan practitioners who are used to the different terms and ideas presented in the deck, it can also be adopted by people of any religious experience.

This is because the Witches Oracle transcends any obstacle and limitation provided by religious experiences because it is based on symbolic language.

Many researchers claim that at the center of every human being there is an essence that can instantly understand anything through the symbolic form. That is the only universal language. It enables us to find the meaning of our existence and decrease the feeling of separation and lack of unity with the mysteries of life and with the Gods.

The Witches Oracle is one of the tools that can help you in this journey in the search for sacred things of life. It will make you understand how everyday life events impact this journey and how them all are sacred.

Each card is a message from the Gods, precious lessons of how to live better, drawing as much wisdom from every situation life can provide.

Use this oracle with truth and wisdom. But above all, use it with your heart!

Claudiney Prieto

Claudiney Prieto is a pioneer of Wicca in Brazil and is considered one of the most respected and well-known Brazilian authors. His books - always in the Brazilian ranking of the bestsellers - have reached the expressive milestone of more than 200 thousand copies sold in Brazil with the work "Wicca: The Goddess Religion".

He was initiated in Wicca more than 20 years ago and is the founder of the Dianic Nemorensis Tradition, a genuine Brazilian Witchcraft Tradition that is the result of years of his experience with the Craft in Brazil. He is also a Gardnerian High Priest, a Minos in Minoan Brotherhood, an Archpriest in Fellowship of Isis, a member in FOI Arch-Priesthood Union, an Elder in Apple Branch Tradition, and was the first and only man ordained by Zsuzsanna Budapest in Dianic Wicca.

The author has been an active spokesperson for Wicca around the world speaking in events like the Parliament of World Religions and has been developing activities in countries like United States, Mexico, Canada, Germany, Portugal, and Argentina.

He was the founder of ABRAWICCA, the first Brazilian Pagan Organization and for more than 10 years has been coordinating the organization of the Annual Conference of Wicca & Goddess Spirituality in Brazil, that is the largest Pagan event in Latin America, aimed to present theses, visions, and discussions about the transforming experiences with the Sacred Feminine in her many manifestations. He is the founder and coordinator of the Free University for Pagan Studies (UNILEP), the first online school in Brazil dedicated exclusively to the study of Wicca and Paganism through the distance education system, and is the creator of the Goddess Blessing and Goddess Healing Systems®, both systems of blessings and healing centered exclusively in the Sacred Feminine that are specifically aimed to Pagans.

In 2014, he created the World Goddess Day Project, which brings together thousands of people in over 40 countries around the world to share the many myths and stories around the worship of the Great Mother, with local activities aimed to bring visibility to the Goddess through art and spirituality.

Claudiney is always invited to give lectures and teachings about Witchcraft and is also a guest to demystify the old negative stigmas, misconceptions, and misrepresentations associated with the Wicca religion in radios and TVs interviews. He also teaches Witchcraft through private trainings that introduces the seekers to the many Traditions that he maintains affiliation and has degrees.

Claudiney currently spends most of his time organizing Mystic Fair Brazil, the largest metaphysical fair of Brazil, held annually in Sao Paolo.

Among his publications, it is worth highlighting *ABC of Witchcraft, All Goddesses of the World, Rites and Mysteries of Modern Witchcraft, Wicca for Solitary Witches, Rites of Passage, The Art of Invocation, Wicca for All, Oracle of the Great Mother, The New Tarot of Marseille* and *Coven - Rituals and Practices of Wicca for groups*, all of them available only in Portuguese.

You can check the author's website at www.claudineyprieto.com.br for contacts and more information about his work.

introduzem os buscadores nas diversas Tradições às quais mantém afiliação e possui graus.

Atualmente, o autor dedica a maior parte do seu tempo na organização da Mystic Fair Brasil, a maior feira mística e esotérica do Planeta, que acontece anualmente em São Paulo, Rio de Janeiro e Belo Horizonte.

Dentre as suas publicações destacam-se também: *ABC da Bruxaria, Todas as Deusas do Mundo, Ritos e Mistérios da Bruxaria Moderna, Wicca para Bruxos Solitários, Ritos de Passagem, A Arte da Invocação, Wicca para Todos, Oráculo da Grande Mãe, Novo Tarô de Marselha* e *Coven – Rituais e Práticas de Wicca para grupos*.

Visite o site do autor em www.claudineyprieto.com.br para contatos e mais informações sobre o seu trabalho.

Mundial das Religiões e desenvolvendo atividades em países como Estados Unidos, México, Canadá, Alemanha e Argentina.

Foi fundador e idealizador da ABRAWICCA, a primeira Associação Pagã Brasileira, e coordena, há mais de 10 anos, a organização da Conferência Anual de Wicca & Espiritualidade da Deusa no Brasil, o maior evento Pagão da América Latina, de âmbito nacional e internacional, direcionado à apresentação de teses, visões e discussões sobre as experiências transformadoras com o Sagrado Feminino em suas muitas manifestações, e é idealizador e coordenador da Universidade Livre de Estudos Pagãos (UNILEP), a primeira escola on-line no Brasil, dedicada exclusivamente ao estudo da Wicca e do Paganismo, por meio do sistema de educação a distância (EAD), e criador do Goddess Blessing e do Goddess Healing Systems(r), únicos sistemas de bênção e cura centrados no Sagrado Feminino e especificamente voltado para os pagãos.

Em 2014, criou o World Goddess Day Project (Projeto Dia Mundial da Deusa), que reúne milhares de pessoas, em mais de 40 países pelo mundo, compartilhando os muitos mitos, histórias e diversidade de culto da Grande Mãe, com atividades locais que visam a dar visibilidade ao Sagrado Feminino por meio da arte e da espiritualidade.

Além de ser muito procurado para ministrar palestras e fornecer ensinamentos sobre Bruxaria, Claudiney é frequentemente convidado a dar entrevistas em rádio e TV para desmistificar os velhos estigmas negativos, equívocos e deturpações associados à religião Wicca. Também ensina Bruxaria por meio de treinamentos iniciáticos privados que

Claudiney Prieto

Claudiney Prieto é a principal voz da Wicca no Brasil e é considerado um dos autores mais respeitados e conhecidos da atualidade. Seus livros – sempre permanentes no ranking brasileiro dos best-sellers –, atingiram com *Wicca - A Religião da Deusa* a marca de mais de 200 mil exemplares vendidos em todo o Brasil.

Iniciado na Wicca há mais de 20 anos, Claudiney é fundador da Tradição Diânica Nemorensis, uma Tradição de Bruxaria genuinamente brasileira, fruto de anos de sua vivência com a Religião da Deusa no Brasil. É um Alto Sacerdote de 3º Grau da Tradição Gardneriana, um Minos na Minoan Brotherhood, Arquissacerdote da Fellowship of Isis, membro da FOI ArchPriesthood Union, Elder da Tradição Apple Branch e foi o primeiro e único homem ordenado por Zsuzsanna Budapest na Wicca Diânica.

O autor tem trabalhado ativamente sendo porta-voz da Wicca em todo o mundo, palestrando no Parlamento

No entanto, você vai perceber que o *Oráculo das Bruxas* é bastante intuitivo e, embora, ele possa ser melhor aproveitado pelos praticantes da Wicca, que estão habituados com os diferentes termos e ideias nele apresentados, o baralho pode ser usado por pessoas de qualquer expressão religiosa.

Isso acontece porque o *Oráculo das Bruxas* transcende qualquer barreira e limitação proporcionados pelas experiências religiosas, pois se baseia na linguagem simbólica.

Muitos pesquisadores afirmam que no centro de cada ser humano há uma essência que é capaz de compreender instantaneamente qualquer coisa por meio da forma simbólica. Esta é a única língua universal que nos possibilita encontrar o sentido de nossa existência e, assim, diminuir o sentimento de separação e a falta de unidade com os mistérios da vida e com os Deuses.

O *Oráculo das Bruxas* é uma das ferramentas que poderá auxiliá-lo em sua caminhada e na busca pelas coisas sagradas da vida, fazendo-o entender como os acontecimentos do dia a dia impactam esta jornada e são sagrados.

Cada carta é uma mensagem dos Deuses, um precioso ensinamento de como viver melhor, extraindo o máximo de sabedoria de cada situação que a vida lhe proporcionar.

Use este oráculo com verdade e sabedoria. Mas, acima de tudo, use-o com o coração!

Palavras Finais

Durante mais de 25 anos de minha vida como Bruxo procurei por um oráculo, em forma de cartas, que trouxesse o imaginário das Bruxas e a rica simbologia que a Wicca fornece. Ao longo de minha busca não consegui encontrar um oráculo que satisfizesse meus anseios. Eles eram simples demais, ou traziam uma mescla de simbologia que, ao meu ver, fugia dos elementos encontrados na Arte e eram comuns às diferentes Tradições.

O resultado dessa busca se encontra no baralho que agora você tem em mãos. Se em algum momento seu desejo for o de aprofundar sua experiência com este oráculo, recomendo altamente a leitura de um dos meus livros *Wicca – A Religião da Deusa* ou *Wicca para Todos* para se familiarizar com os diversos conceitos que permeiam cada carta e, assim, poder aproveitar e ampliar ao máximo suas interpretações ao utilizar este baralho.

Desafio - Solução

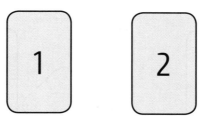

1. Qual o seu desafio neste momento?
2. Qual a solução para este desafio?

Aviso da Sacerdotisa

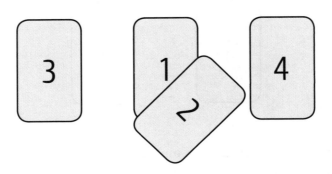

1. Situação atual.
2. Obstáculos que você terá que enfrentar.
3. Lição a ser aprendida.
4. Resultado final.

Céus, Mar e Terra

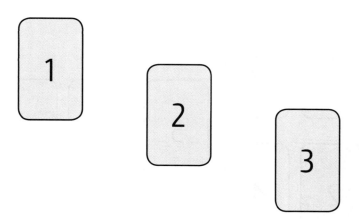

1. Céus: o que os Deuses desejam para sua vida neste momento?
2. Mar: qual experiência isto vai lhe trazer?
3. Terra: como manifestar isto?

A Chave de Hécate

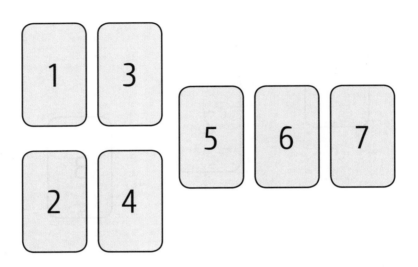

1. Qual segredo ocultam de mim?
2. Quem está ocultando?
3. Qual a motivação desta pessoa?
4. Que desafios isto me traz?
5. Como posso vencer estes desafios?
6. O que aprenderei com esta situação?
7. Um conselho para este momento?

Arco da Diana

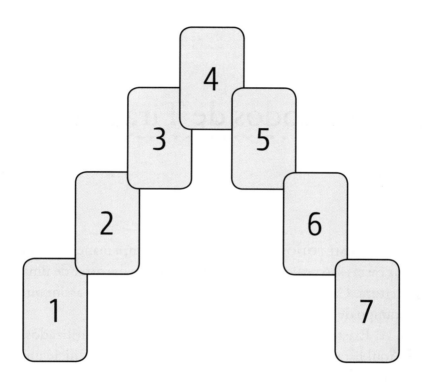

1. Passado
2. Presente
3. Futuro
4. Conselho
5. Influência
6. Obstáculo
7. Conclusão

Métodos de Tiragem

Os MÉTODOS DE TIRAGEM expressam a maneira como as cartas são posicionadas sobre a mesa no decorrer de uma leitura. Cada posição tem um significado, dando assim um campo de ação onde a carta pode se expressar.

Existem diversos métodos que podem ser utilizados. Aqui listamos apenas alguns deles para que você inicie um relacionamento com o *Oráculo das Bruxas*.

Determine o método a ser usado baseado em suas preferências pessoais ou no tema da leitura.

Além dos métodos aqui compartilhados, vale ressaltar que este oráculo é compatível com todos os métodos de tiragem de cartas de qualquer outro sistema de cartomancia: tarô, lenormand, etc. Os métodos usados na leitura desses oráculos facilmente se ajustam à atmosfera do *Oráculo das Bruxas*.

Veja alguns métodos para você começar suas leituras.

> Uma preponderância de cartas do elemento Espírito indica que é hora de dar atenção à sua vida espiritual.

- Tente terminar a leitura sempre com uma nota positiva, mas seja verdadeiro o máximo possível na interpretação.
- Não faça muitas leituras para a mesma pessoa em um único dia, pois vai criar confusão na mente dela. Dê um intervalo de tempo entre cada leitura.
- Se uma carta cair do baralho durante o embaralhamento, não deixe de ler o seu significado também. Todas essas cartas têm informações sobre o consulente.
- Verifique a última carta do monte depois de ter disposto as cartas de acordo com o método escolhido. Há uma mensagem nela também que está sendo ignorada pela pessoa para quem a leitura é feita.

Como fazer uma boa leitura

Fazer uma leitura nem sempre é tarefa fácil, mas você pode se basear nos seguintes passos para auxiliá-lo:
- Selecione mais adiante um método que melhor se adapte às circunstâncias de sua leitura.
- Concentre-se na sua pergunta ou peça ao consulente para se concentrar na questão e parar quando desejar cortar as cartas.
- Se estiver lendo para outra pessoa, peça ao consulente para entregar as cartas de volta para você.
- Corte as cartas, ou peça para o consulente fazer isso.
- Coloque as cartas de acordo com um dos métodos de leitura fornecidos mais a diante.
- Olhe para a tiragem e verifique:
  - Quantas cartas do elemento Terra aparecem?
  - Saíram quantas cartas do elemento Ar?
  - Estão presentes na jogada quantas cartas do elemento Fogo?
  - Na leitura, estão postas quantas cartas do elemento Água?
  - Há cartas relacionadas ao Espírito? Se sim, quantas?
- A preponderância de cartas de um elemento na tiragem determina o tom da sua leitura:
  - Muitas cartas de Água indicam uma quantidade excessiva de emoções e sentimentos.
  - Uma quantidade elevada de cartas de Terra indica preocupação demasiada com as finanças e o mundo material.
  - Várias cartas de Ar indica conflitos.
  - Já uma quantidade excessiva de cartas do Fogo indica uma vida social atribulada.

Armazene suas cartas, envolvendo-as em um pano de leitura – um pedaço de tecido no qual você vai colocar as cartas ao jogá-las.

É importante que você não permita que outras pessoas mexam nessas cartas casualmente.

Embaralhando suas cartas

Ao embaralhar as cartas, pense em sua pergunta, imaginando que suas cartas estão absorvendo as palavras.

Faça uma pergunta aberta como "o que eu preciso ver/saber hoje?". Ou peça um conselho do tipo "conte-me sobre a situação X". Repita sua pergunta em voz alta ou em sua mente enquanto embaralha. Pare quando estiver pronto.

Se você estiver lendo para outra pessoa peça para ela embaralhar as cartas pensando em sua pergunta ou na situação. Quando a pessoa devolver o baralho a você, ela deverá verbalizar a pergunta em voz alta.

Cortando as cartas

Em seguida, corte as cartas em três pilhas, escolha uma das pilhas e junte as outras duas restantes, trabalhando da esquerda para a direita.

Se você está lendo para outra pessoa, peça a ela para fazer três pilhas e escolher uma. Em seguida, junte as duas pilhas restantes, trabalhando da esquerda para a direita. Pegue o baralho, segure-o com a face para baixo e vá sacando as cartas a partir do topo da pilha, de acordo com o método de leitura escolhido por você.

Como fazer uma leitura com o Oráculo das Bruxas?

Começando

Encontre um espaço silencioso com uma superfície limpa e plana. Se você estiver trabalhando com um novo baralho, toque cada uma das cartas enquanto olha para as imagens e relembra seus significados. Isso cria um link energético com cada carta.

Segurando suas cartas, estabeleça uma intenção de que você esteja energeticamente conectado a elas e que suas leituras sejam para o bem maior. Se desejar, traga as cartas para o seu coração e, então, defina sua intenção.

Você pode também realizar um ritual de purificação e consagração simples do seu baralho novo com os quatro elementos da natureza: passe ele na fumaça do incenso, sobre a chama de uma vela, respingue algumas gotas de água nele e, para finalizar, toque seu cristal preferido em cada carta.

40 – Caldeirão

O mais alto símbolo da Deusa representa o seu ventre condescendente de onde surgiram, surgem e surgirão todas as coisas. O caldeirão representa a união dos 4 elementos, que dão origem a quintessência sagrada.

Na mitologia céltica, era o instrumento associado à Deusa Cerridwen e ao Deus Dagda, que possuíam um Caldeirão da Inspiração e da Vida. Todo aquele que tomasse de seu líquido possuiria sabedoria eterna.

Este Caldeirão Sagrado era guardado por nove virgens que representavam as três faces da Deusa. Baseado nesses mitos, o caldeirão também representa o conceito de reencarnação e os ciclos de nascimento, morte e renascimento, simbolizando o Ventre da Deusa do qual surgem todas as coisas.

O caldeirão é sempre colocado no meio do altar, representando a quintessência sagrada, no qual os 4 elementos vão se encontrar, ou aos pés dele, para simbolizar a fonte do conhecimento e da sabedoria, de onde sorvemos tudo aquilo que aprendemos.

Significado divinatório: a Carta Caldeirão fala da busca da sabedoria e do conhecimento que só a Deusa é capaz de proporcionar. Traz paz interior, serenidade, harmonia, fim das batalhas e renovação. Esta carta sempre pede para que busquemos a paz e o equilíbrio que estão dentro de nós.

40 · Caldeirão
Cauldron

39 – Terceiro Grau

Um Bruxo só chega ao Terceiro Grau depois de integrar completamente os caminhos da Arte em sua vida.

Quando o iniciado chega neste estágio, ele pode fundar o seu próprio Coven e se tornar completamente independente do Coven Mãe do qual se origina.

O treinamento para uma pessoa chegar neste nível pode levar anos, pois só a Sacerdotisa e/ou Sacerdote que iniciaram o Bruxo podem avaliar qual o melhor momento para uma pessoa assumir esse compromisso e ser elevada ao Terceiro Grau, que é a posição mais alta que uma pessoa pode chegar na maioria das Tradições Wiccanianas que adotam o sistema de graus.

A partir deste nível, o Iniciado de Terceiro Grau é chamado de Alta Sacerdotisa ou de Alto Sacerdote e se torna um guardião dos mistérios e dos conhecimentos orais de sua Tradição. Aqui, o Bruxo já passou pelo maravilhamento do Primeiro Grau, os desafios e o encontro com a Sombra do Segundo Grau e chegou a hora de tocar o Grande Mistério, capaz de despertar sua alma para encontrar a Totalidade.

Significado divinatório: a Carta Terceiro Grau afirma que você está prestes a alcançar os seus desejos mais profundos e encontrar a felicidade. É uma carta extremamente positiva. Agora que conhece a si mesmo e a todas as coisas, a carta indica que você chegou ao conhecimento do real desejo do seu coração, podendo, então, alcançar a sua Verdadeira Vontade.

38 – Beijo Quíntuplo

O beijo quíntuplo é um beijo ritual de cinco partes do corpo, realizado em certos ritos e cerimônias da Wicca e feito dentro do Círculo Mágico como um ato simbólico de reverência. O rito é feito entre o Sacerdote e a Sacerdotisa ou entre a Deusa e o Deus, um ao outro, ou seja, o beijo quíntuplo sempre é feito de homem para mulher ou de mulher para homem.

Os beijos podem ser dados nas partes do corpo que, com os braços e as pernas estendidas, correspondem a pontos de um pentagrama: cabeça, mãos e os pés. Ou que podem ser dados em cinco pontos do corpo: pés, joelhos, acima do órgão genital, peitos e lábios.

Na Wicca, toda a natureza é sagrada. Os animais, as árvores, os elementos e toda a vida. O corpo humano também é sagrado, porque faz parte da natureza, é matéria e energia, elemento e espírito.

Significado divinatório: a Carta Beijo Quíntuplo diz que é chegado o momento de honrar o seu corpo como um receptáculo sagrado da essência da Deusa e do Deus. É hora de prestar atenção às sensações e aos sinais que o seu corpo lhe dá. Isso pode ser útil em muitas circunstâncias, indo desde a identificação de uma doença em potencial até uma decisão importante que você precisa tomar e que o seu corpo pode sinalizar se é a hora certa de prosseguir ou não. Lembre-se sempre: o corpo fala.

37 – Grande Rito

Este é o nome que se dá para o momento simbólico da consagração da bebida ritual que, na maioria das vezes, é o vinho, símbolo do sangue e da própria vida.

O Grande Rito é geralmente feito no final de cada ritual, porém algumas Tradições preferem realizá-lo no início das cerimônias.

Durante a cerimônia do Grande Rito, cálice e athame são os instrumentos mágicos utilizados.

O cálice representa a Deusa e o poder de criação da vida. O athame representa o Deus e o poder fertilizador e fecundador. Quando o athame é mergulhado no vinho contido no interior do cálice, a união da Deusa e do Deus é ali simbolizada.

O Grande Rito é também chamado de o Grande Casamento ou Grande Ritual, e é por meio dele que as bênçãos dos Deuses são conferidas a todos aqueles que estiverem presentes na cerimônia.

Significado divinatório: a Carta Grande Rito traz a união de forças opostas para a realização de algo grandioso. O significado geral aqui é que você está sob as bênçãos e a proteção da Deusa e do Deus. Assim, tudo se realizará de maneira positiva e não há o que temer. Esta carta representa fertilidade e nascimento.

37 · Grande Rito
Great Rite

Correspondências

Significado: o infinito, o cosmos, os Deuses, o poder criador, o autoconhecimento e a internalização. Poder universal, eternidade, altas frequências, mudança de paradigma, visão holística, harmonia universal, plano multidimensional, poder invisível, expansão, verdade absoluta, unidade, êxtase místico, deificação, dons, poder catalisador, consciência, poder transpessoal, imagem do self, transmutação, conexão com o divino, luz.

Fase da vida: transcendência

Tempo: todos

Estação do ano: todas

Palavra-chave: espiritual

As Cartas do Espírito

O Espírito é a fonte dos outros quatro elementos, a origem de tudo o que existe, considerado a luz divina.

Na Wicca, o elemento Espírito se dá na presença divina que pode ser sentida a cada ritual, quando os Deuses são invocados. Representa a força presente em todas as coisas que fornece espaço, conexão e equilíbrio para que os elementos possam existir. Com ele estabelecemos a conexão com a profundeza da alma, o sentimento de alegria e de união, a transcendência, a transformação e a mudança. É a epifania sagrada, a mais pura energia da Deusa e do Deus.

Considerado o elemento principal presente em todas as coisas, o Espírito é essencial para o nosso bem-estar.

Numa leitura, as Cartas Espírito representam o sentimento de alegria e de união, de transcendência, transformação e mudança, e ainda expressam a união do espírito humano à energia divina, necessária para alcançar tudo aquilo que é desejado.

36 – Lammas

Lammas, também conhecido como Lughnasadh, é o Sabbat da primeira colheita, momento em que os primeiros grãos eram colhidos, pães eram feitos e a fartura voltava a reinar.

Oferendas de agradecimento aos Deuses eram feitas, grãos eram consagrados para serem plantados posteriormente e o Deus era celebrado como o Senhor dos Grãos que fazia o seu primeiro sacrifício para nutrir os filhos da Deusa.

Uma das tradições deste Sabbat é fazer uma boneca de milho ou trigo e colocá-la em algum lugar da casa para representar a Deusa como a Senhora da colheita. Acredita-se que isso assegura a continuidade da abundância em nossas vidas.

Lammas é o festival celta em homenagem ao Deus Sol (Lugh), que agora se transforma no Deus das Sombras, doando sua energia às sementes para que a vida seja sustentada, enquanto a Mãe se prepara para assumir o papel de Anciã. Esse poderoso ritual enfatiza a relação do fogo com os Deuses da vida e a centelha da criação.

Significado divinatório: a Carta Lammas assinala o fim da escassez, é chegado o tempo de colher. Seus sacrifícios começam a ser recompensados depois de certo momento de espera. É hora de avaliar as múltiplas possibilidades que a vida colocará na sua frente a partir de agora e fazer escolhas sábias para aproveitar da melhor forma esta fase benéfica de colheita dos frutos de tudo aquilo que você um dia plantou.

35 – Esbat

Além da celebração dos Sabbats, os Wiccanianos reverenciam outras importantes mudanças que ocorrem na natureza, como a mudança das fases lunares, por exemplo.

A fase lunar mais importante é a cheia, momento no qual a Lua se encontra em seu poder máximo, no ápice de sua força. A Lua cheia representa a Deusa em sua face Mãe, o seu aspecto primordial.

O Esbat é o melhor momento para prática de feitiços e divinação. Existem 13 rituais de Esbat num ano, de acordo com os antigos calendários lunares de 28 dias com 13 meses.

Durante o Esbat honramos nossos Deuses e agradecemos suas bênçãos e presença em nossas vidas. Se houver necessidade, também podemos realizar práticas divinatórias e rituais de cura. Um Ritual de Lua cheia pode também consistir simplesmente em sentir o fluir das energias ou a realização de uma prática meditativa.

Significado divinatório: a Carta Esbat nos convida a explorar nosso mundo inconsciente dominado pelas marés interiores. Indica a necessidade de se passar por diferentes fases e estágios de um processo até que as coisas estejam claras e as situações esclarecidas. Essa carta também pode indicar que é hora de colocar a magia em ação para manifestar nossos desejos.

34 – Liga

Diversas retratações foram feitas de Bruxas usando ligas. Não se sabe ao certo se os artistas estavam retratando a moda típica de certo período ou se realmente o acessório tem sido conectado com as Bruxas desde sempre. Alguns pesquisadores modernos levantam a hipótese de que as Bruxas dos séculos passados poderiam ter usado as ligas como amuletos, porque podiam ser facilmente escondidas por debaixo das roupas e longe da visão de todos.

Na Bruxaria Moderna, a liga é um símbolo importante usado somente por uma Bruxa Rainha, ou seja, uma Sacerdotisa que possui no mínimo 3 Covens que descendem do seu próprio grupo.

Como líder feminina do Coven, é a Alta Sacerdotisa que usa a liga, símbolo de sua supremacia sobre os demais grupos. A liga é adornada por uma grande fivela de prata, representando o Coven fundado por ela própria, e por fivelas menores em número correspondente aos Covens que se originaram a partir do seu. Tradicionalmente, é usada na perna esquerda, logo acima do joelho.

Significado divinatório: a Carta Liga indica que você tem capacidade de agrupar outras pessoas ao seu redor em prol de um ideal comum, e que deve aprender a usar isso a seu favor. A carta diz que é o momento de acreditar em si mesmo para que essa fé possa ser transmitida aos outros. Indica poder de liderança e capacidade de inspirar.

33 – Mabon

Mabon é o Equinócio do Outono, época que marca o festival da segunda colheita.

Agora o Sol caminha mais rapidamente em direção ao inverno, e o plantio, que foi feito em Ostara, chega à sua colheita final, iniciada em Lammas. É hora de agradecer pela abundância, pela fartura e também de reconhecer o equilíbrio da vida, pois nos equinócios dia e noite possuem o mesmo tempo de duração.

Esse era o momento em que os povos antigos começavam a estocar seus alimentos e armazenar os grãos para que houvesse comida suficiente durante o período de inverno.

Mabon é o festival de Ação de Graça Pagã, quando lembramos as conquistas alcançadas. Por isso, uma das Tradições deste Sabbat é colocar um cálice com vinho no meio da mesa do almoço ou do jantar e deixá-lo passar de mão em mão, enquanto cada pessoa presente faz seus agradecimentos e desejos de felicidade.

Significado divinatório: a Carta Mabon assinala o momento de preparar suas reservas para serem usadas quando necessário. É tempo de equilíbrio, de gratidão, tempo de meditar sobre a escolha dos nossos projetos e agradecer a tudo que alcançamos.

33 · Mabon
Mabon

32 – Cordas

Muitas vezes usadas na Wicca como parte integrante dos feitiços, as cordas podem, também, ser o próprio feitiço em si, quando trabalhadas corretamente. Um dos feitiços mais tradicionais é o dos nós, no qual um número específico de nós é atado ao longo de uma corda enquanto se recita encantamentos e afirmações a cada nó dado.

Sua medida é de geralmente 9 pés (2.75 m), tamanho tradicional do Círculo Mágico.

Um Bruxo geralmente terá 9 cordas de cores variadas e para diferentes propósitos, cada uma com um significado específico.

Em um Coven, cordas de diferentes cores podem significar diferentes graus. De qualquer maneira, elas expressam a ligação do iniciado com o grupo e com a Tradição que praticam.

Significa divinatório: a Carta Cordas representa a nossa ligação com tudo o que é importante e significativo em nossa vida. Ela assinala um momento de inércia ou uma situação à qual devemos dar um passo para trás antes de avançar. Assinala também um momento de renascimento.

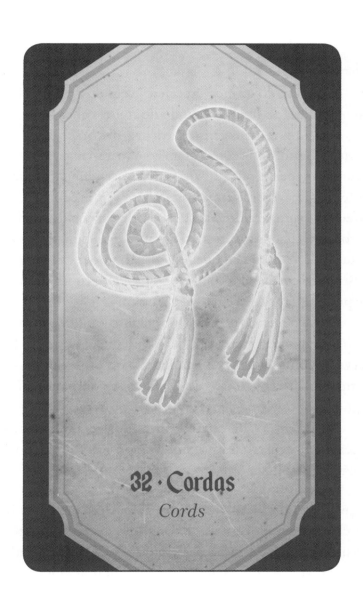

31 – Bracelete

A origem do termo "bracelete" vem do grego *brachile* que significa "do braço", oriundo do francês antigo.

Podemos rastrear a história do uso dos braceletes desde o antigo Egito, onde começaram com materiais como ossos, pedras e madeiras que tinham funções estritamente religiosas e mágicas. Esses artefatos também são encontrados na Grécia. Há uma tradição bastante antiga, na qual braceletes feitos com tecidos naturais eram trançados no dia 1º de maio para ajudar a proteger a pele do usuário do escaldante sol. Posteriormente, encontramos os braceletes como símbolos de poder e da realeza em diversas culturas.

O que podemos perceber, no entanto, é que, no decorrer da história, o bracelete não foi apenas uma joia em si. Eles serviam como talismãs e amuletos para proteção pessoal contra maus espíritos e forças malignas ou para realizar algum propósito mágico como cura e proteção.

Na Wicca, os braceletes são usados geralmente pelos sacerdotes, expressando, assim, sua posição de liderança, união e disciplina.

Significado divinatório: a Carta Bracelete pede por imparcialidade nas decisões. É hora de resolver as questões, levando em consideração o correto senso de justiça e ética. É uma carta que nos chama para equilibrar as emoções e a razão a fim de trazermos a verdade e a honestidade à tona diante de todas as situações.

30 – Primeiro Grau

A Iniciação de Primeiro Grau marca a iniciação do Bruxo em um Coven e numa Tradição.

Neste rito, o Bruxo é apresentado aos Deuses reverenciados em seu Coven, aos Ancestrais e aos Espíritos dos Elementos reconhecidos na Tradição em que está se iniciando.

Para alcançar esse grau, o iniciante deve ter aprendido sobre as práticas mágicas básicas e ter vivido uma Roda do Ano ininterruptamente, celebrando todos os Sabbats e Esbats.

Durante o período de treinamento são ensinados os princípios e a filosofia da Arte e o correto uso dos instrumentos. O aprendiz deve saber como lançar um Círculo, elevar e direcionar energia, criar e desempenhar feitiços e rituais em geral e invocar corretamente a Deusa, o Deus e os Espíritos dos Elementos, tudo de acordo com os preceitos do seu Coven.

Significado divinatório: a Carta Primeiro Grau fala de um processo que está no seu início e que precisa de mais tempo para amadurecer e crescer. É uma carta promissora se soubermos esperar e tivermos a disciplina e o comprometimento correto com nossos verdadeiros propósitos. Em geral, indica um ponto de partida em algum processo.

29 – Deusa

A Deusa é o princípio do Sagrado Feminino, aquela que teria criado tudo e todos. Sabemos que os primeiros povos da Terra não acreditavam em um Deus Criador, mas, sim, em uma Deusa, uma Divindade primordial feminina, e é nestes mitos que a Bruxaria Moderna vai buscar inspiração para sua religiosidade. A Deusa é vista como imanente, ou seja, está presente em todas as coisas existentes. Ela é os 4 elementos, a Terra, a Lua, Ela sou eu, Ela é você.

Muitos mitos ao redor do mundo retrataram o Sagrado Feminino numa trindade de Donzela, Mãe e Anciã, e é desta forma que Ela é vista por nós, Wiccanianos. Na Lua crescente a Deusa é simbolizada como a Donzela, na Lua cheia Ela é a Mãe e na Lua minguante Ela é a Anciã. Um dos seus símbolos mais importantes é a Lua, já que os mistérios lunares sempre estiveram associados aos ciclos menstruais das mulheres que, consequentemente, trazem os poderes da vida e da Deusa.

Significado divinatório: a Carta Deusa nos desperta para a verdadeira conexão com a Grande Mãe. É uma carta positiva, que traz fertilidade, abundância, fartura e crescimento em todos os níveis e ainda desperta nossos dons e poderes psíquicos que podem nos ajudar em todos os momentos de nossa jornada.

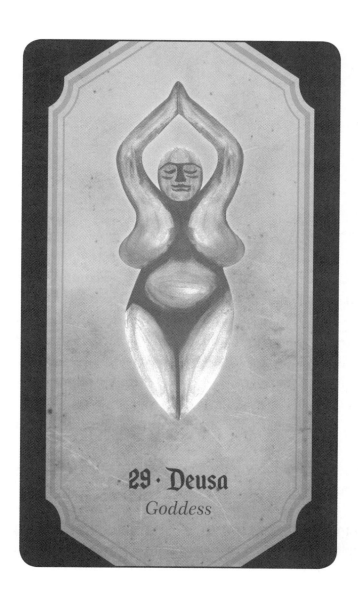

28 – Cálice

Considerado um dos símbolos do Sagrado Feminino e do Ventre da Deusa, o cálice é usado para conter o vinho, a água e os demais líquidos que forem usadas nos ritos.

Instrumento que pode ser de pedra-sabão, madeira, cristal ou de qualquer outro material que pareça agradável aos olhos do Bruxo. Cálices de metal não são recomendáveis, já que podem fazer o vinho sofrer reação química e causar graves danos à saúde.

O cálice é o símbolo do elemento Água sobre o altar.

Ele nos remete ao conceito do Caldeirão de Cerridwen, que traz sabedoria e conhecimento para todos aqueles que bebem seu líquido sagrado.

Significado divinatório: a Carta Cálice nos chama para explorar o nosso eu interior e as profundezas de nossa alma. É uma carta que tem um simbolismo altamente espiritual, que fala da nossa vocação e do chamado da Deusa. É hora de ouvir a voz do coração para compreender os grandes mistérios.

Correspondências

Significado: emoções, sentimentos, amor, coragem, ternura, tristeza, intuição, a mente inconsciente, o ventre, geração, fertilidade, plantas, cura, comunicação com o mundo espiritual, purificação, prazer, amizade, casamento, felicidade, sono, sonhos, o psíquico, o eu interior, simpatia, amor, reflexão, marés e correntes da vida, o poder de ousar e purificar as coisas, sabedoria interior, busca da visão, cura de si mesmo, visão interior, segurança, jornadas.

Fase da vida: maturidade

Tempo: anoitecer

Estação do ano: outono – tempo da colheita, quando a chuva lava a terra.

Palavra-chave: emocional

As Cartas da Água

A Água é considerada o útero da Deusa, o elemento da geração responsável pelo início da vida na Terra e está presente em 70% do corpo humano, ligando-nos aos fluxos e refluxos interiores e exteriores.

Na Wicca, o elemento Água está presente nos rituais, simbolizado por conchas sobre o altar, poções e filtros.

A Água está ligada ao ponto cardeal Oeste e é considerada um elemento feminino e passivo. Suas cores sagradas são azul, prateado e verde-água. Velas nestas cores são usadas para marcar o Quadrante Oeste no Círculo. Elemento que está associado ao outono e ao entardecer.

Numa leitura, as Cartas da Água possuem o poder de nos trazer a energia das emoções e o equilíbrio para chegarmos à totalidade de nosso ser. Sendo o principal elemento quando precisamos aumentar nossa autoestima e fortalecer nosso lado emocional. São cartas que indicam que é necessário estar em sintonia com o símbolo universal do elemento feminino, do inconsciente, com a fertilidade, a maternidade e o poder de gerar para a realização de metas e de desejos.

27 – Beltane

Nome que pode ser traduzido literalmente como "Fogo de Bel", Beltane é a celebração máxima do fogo.

Esta era a festa que celebrava o meio da primavera e a preparação para a chegada do verão, consequentemente, da chegada da fertilidade esperada para o próximo ano.

Neste Sabbat eram escolhidos um homem e uma mulher para representar a Senhora e o Senhor da Primavera, em alusão a Deusa e ao Deus. O gado e as pessoas passavam pelo fogo para serem purificados, ao mesmo tempo que a fumaça assegurava fertilidade e bênçãos.

Neste período, o Deus atinge a força e a maturidade para se unir à Deusa e, juntos, eles trazem calor, luz e germinação às sementes da terra que serão colhidas em Lammas.

A Deusa e o Deus estão em plena vitalidade e amam-se com toda intensidade. É o momento da união entre os princípios masculino e feminino da criação, a união dos meios de todos os poderes que trazem a vida a todas as coisas.

Significado divinatório: a Carta Beltane indica o fim de um período obscuro e a chegada de um novo alvorecer que pode trazer, dentre muitas outras coisas, o início de um amor. Beltane traz liberdade e fertilidade em todos os aspectos, é o exercício do livre-arbítrio e a capacidade de se abrir ao mundo para viver todas as oportunidades e possibilidades.

27 · Beltane

Beltane

26 – Roda do Ano

Sendo a Wicca uma religião que celebra a natureza, nada mais lógico que suas cerimônias sagradas levarem em consideração a mudança das estações do ano.

Estas celebrações são chamadas coletivamente de Roda do Ano, os Sabbats, quando os Bruxos cantam, dançam e festejam, agradecendo à Deusa Mãe pela continuidade ininterrupta da harmonia dos ciclos da natureza.

A Roda do Ano representa o eterno ciclo de nascimento, vida e morte do Deus Cornífero, que é o próprio Sol. Isto é, a personificação do antigo calendário agrícola europeu de plantio, fertilização e colheita.

As celebrações do Sabbats são os momentos nos quais se agradece aos Deuses pela colheita, garantido a continuidade da abundância através dos rituais.

Significado divinatório: a Carta Roda do Ano traz os fluxos e refluxos da vida e a necessidade de aprender a lidar com a impermanência. Nada é fixo e tudo está em constante transformação. Ela assinala altos e baixos que devemos aprender a lidar, caso contrário nossos objetivos não se concretizarão.

26 · Roda do Ano
Wheel of the Year

25 – Cone de Poder

Quando os Bruxos se reúnem em seus rituais e geram poder dentro do Círculo Mágico, forma-se um cone ascendente, cuja proteção encontra-se nos limites delimitados pelo círculo no chão. Esta forma de energia é chamada na Wicca de Cone do Poder, uma energia que pode ser direcionada para qualquer lugar no Universo para causar mudanças necessárias por meio do ato mágico.

Esta energia pode ser aumentada através do uso de um dos métodos do Caminho Óctuplo. Porém, os mais comuns de serem usados para essa finalidade são a dança e o canto. O Cone de Poder pode ser gerado e direcionado tanto coletivamente, em um Coven, como por um indivíduo quando ele trabalha solitariamente. A energia do Cone de Poder é psíquica, surge de nossos próprios corpos e mentes e não envolve a invocação de quaisquer espíritos ou seres espirituais.

Significado divinatório: a Carta Cone de Poder indica um momento de conclusão que está próximo. Tudo está pronto para ser realizado. O Universo está em movimento. Em breve chegarão notícias favoráveis relacionadas ao tema da leitura. Esta carta indica um desfecho que está próximo a ser concluído e que trará crescimento.

25 · Cone de Poder
Cone of Power

24 – Litha

Litha representa o apogeu do Sol, uma vez que é o Solstício de Verão. Este é o dia mais longo do ano, a partir daqui as noites serão mais compridas do que os dias, trazendo paulatinamente o inverno à Terra.

Neste dia, o Deus atinge a maturidade, momento que era celebrado com grandiosas fogueiras pelos povos celtas. As fogueiras representam o grande poder do Rei Solar, concedendo mais energia ao astro para que o verão durasse mais tempo e para que o inverno não fosse tão rígido.

Os Pagãos sempre reconheceram o poder de força e de criação do Sol, assim como muitos grupos religiosos. Este é o tempo ideal de celebrar a vida e o crescimento.

Uma das tradições do Solstício de Verão consiste em colher flores em um parque, bosque ou jardim e levar até uma fonte cristalina, oferecendo-a ao Povo das Fadas que são facilmente acessados nesta data.

Em Litha celebramos a abundância, a luz, a alegria, o calor e o brilho da vida proporcionados pelo Sol. Neste instante o Sol transforma as forças da destruição com a luz do amor e da verdade. Litha é o auge do poder do Sol, a Deusa foi fertilizada pelo Deus. A partir de agora o Deus Sol começará lentamente a sua caminhada rumo ao País de Verão e morrerá em Samhain.

Significado divinatório: a Carta Litha traz a força da plenitude, luz, beleza e brilho em todas as suas manifestações. É hora de agir com autoconfiança, pois o futuro prenuncia sucesso e realização em todos os sentidos.

23 – Açoite

Este é um instrumento utilizado somente na Wicca Tradicional. Alguns Bruxos alegam que o açoite aparenta características sadomasoquistas e, por isso, preferem não o usar como parte integrante de seus artefatos mágicos.

No entanto, o açoite nunca é utilizado para ferir, mas, sim, para dois propósitos. Um deles é para pedir que a Deusa releve atitudes negativas, enquanto a pessoa que pede a graça coloca a cabeça sobre o altar e leva algumas leves açoitadas. O outro, é para induzir ao transe através do ritmo de seus estalos.

O açoite tem sido usado desde tempos antigos em inúmeras tradições de mistérios desde o culto de Cibele e até entre os Coribantes e os Kouretes.

Significado divinatório: a Carta Açoite diz que é chegada a hora de assumir nossas responsabilidades e a consequência sobre os nossos atos. Neste processo, talvez pequenos sacrifícios e expiações sejam necessários. Esta carta também traz a necessidade de purificar nossas mentes e corações para avançarmos mais leves rumo à realização de nossos desejos. O açoite, em geral, diz que é preciso se doar mais em relação ao tema da jogada.

23 · Açoite
Scourge

22 – Deus

A Wicca é uma Religião polarizada, sendo assim, além da Deusa, também existe um princípio masculino, o Deus, que é considerado seu filho e Consorte, muitas vezes chamado de Deus Cornífero, Deus Astado e Galhudo.

Sua associação com os chifres nada tem a ver com a figura do Diabo. O Demônio cristão só passou a ser representado com chifres a partir da Idade Média, durante a Inquisição, numa tentativa de denegrir a imagem de Deuses Pagãos.

Ele é apenas representado com chifres em sua cabeça devido a sua associação com os animais e com a caça. O Deus Cornífero é o Senhor dos animais, da fartura e da abundância. Enquanto a Deusa é representada pela Lua, Ele é simbolizado pelo Sol, que faz as sementes crescerem no interior da Terra para nutrir os filhos da Grande Mãe.

Significado divinatório: a Carta Deus traz a força da conquista e da vitória. Ela indica que, com ordem e disciplina, tudo será possível. É hora de acompanhar de perto o nascimento dos primeiros brotos das sementes que você plantou e estão germinando. Como um caçador, é preciso saber o melhor momento para avançar ou esperar na hora de atingir o seu alvo.

21 – Segundo Grau

Iniciação que marca o segundo sacramento pelo qual o Bruxo passa após um longo período de aprendizado. A partir deste ponto da jornada é hora de superar os desafios e os obstáculos que todo caminho mágico possui.

A Iniciação de Segundo Grau reflete o momento em que o Bruxo passa a integrar completamente a sua sombra para desenvolver as suas habilidades em todo o seu potencial.

Um Iniciado de Segundo Grau ainda não atingiu a posição mais elevada, mas ocupa uma posição de destaque e de grande responsabilidade para a Arte e para o seu grupo.

Para atingir esse grau, o Bruxo deve passar por um longo treinamento sobre as bases religiosas, ritualísticas, filosóficas e mágicas da Wicca, e deve conhecer os principais rituais da Arte e de seu Coven, incluindo todos os Ritos de Passagem.

Significado divinatório: a Carta Segundo Grau diz que é nos momentos mais desafiadores e negativos que devemos buscar forças para a superação das dificuldades. Nos momentos mais conflituosos é quando geralmente fechamos nossos olhos para a realidade, preferindo ignorar os fatos em vez de encará-los e extrair o máximo de sabedoria das situações. Esta carta indica que é necessário se libertar das prisões físicas e materiais para que nossa verdadeira natureza espiritual possa florescer em todo o seu esplendor.

20 – Colar

O conto pagão mais conhecido sobre um Colar Mágico é o mito sobre Freya e a história de como ela adquiriu seu belo colar, o Brisingamen.

Conta o mito que Freya viajou para a Terra dos anões porque queria encomendar um colar de grande poder e beleza. Ela buscou pelos quatro irmãos anões, conhecidos por serem os melhores artesãos de seu reino, e fez sua encomenda. Os irmãos concordaram em fazer o colar, desde que Freya fizesse amor com cada um deles. Freya não teve dúvidas e logo concordou, e então, por quatro noites o seu Colar Mágico foi forjado.

Brisingamen (como o colar era chamado) vem da palavra nórdica antiga *brisingr*, que significa "fogo". Isso se refere tanto ao seu brilho quanto às estrelas do céu, nos levando ao conceito da Deusa Estrela que "na poeira dos pés traz as hostes dos céus e cujo corpo envolve o universo", parafraseando a Carga da Deusa.

O colar, portanto, é um símbolo frequentemente atribuído à Deusa Mãe e representa o ciclo cósmico quádruplo de geração, nascimento, vida e regeneração da vida através da morte.

Significado divinatório: a Carta Colar traz a força humana de criar, mas nos lembra que todas as coisas que um dia nasceram precisam de alimento e proteção para continuarem se desenvolvendo. É hora de dar amor, buscar a harmonia com a Deusa e a natureza para alcançar a realização material e espiritual. Essa carta aponta para a conclusão positiva de todas as coisas.

20 · Colar
Necklace

19 – Bastão

A função do bastão é semelhante a do athame, podendo ser utilizado para as mesmas finalidades.

O bastão é feito com um galho de árvore ou com um cano de cobre ou bronze, com uma ponta de cristal em uma das extremidades e, geralmente, possui a mesma medida que vai do nosso cotovelo à ponta do dedo médio da mão com a qual escrevemos, chamada de *mão de poder*.

As madeiras mais comuns para fazer um Bastão Mágico são o salgueiro, o carvalho e a bétula. Se você não conseguir encontrar nenhuma destas árvores na região onde mora, poderá fazer seu bastão com um galho de qualquer outra árvore que possua significado especial para você.

O bastão está ligado ao elemento Fogo. No altar, fica posicionado no ponto cardeal Sul.

Significado divinatório: a Carta Bastão indica que existem forças e desejos crescendo em seu interior e que, por isso, é hora de ter audácia e coragem para colocar as energias em movimento. Esta carta diz que você possui poder para alcançar a sua realização pessoal, basta acreditar em sua capacidade.

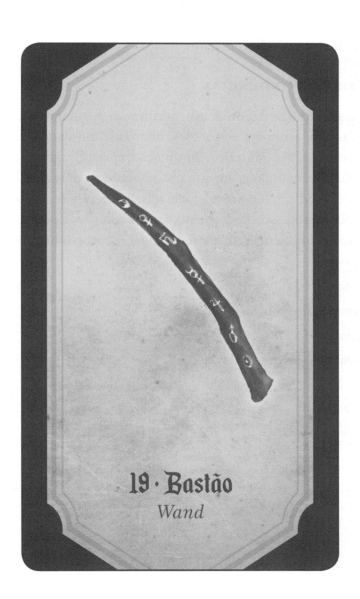

vontade, garra, vigor, dinamismo e proteção. As Cartas de Fogo expressam que essas qualidades são necessárias para alcançar o objetivo desejado.

Correspondências

Significado: ambiente social, purificação, fogueiras, lareiras, velas, sol, erupções, explosões, liberdade, mudança, visão, percepção, visão interior, iluminação, aprendizagem, amor, paixão, sexualidade, autoridade, vontade de ousar, criatividade, lealdade, força, transformação, proteção, coragem, eu superior, sucesso, refinamento, artes, evolução, fé, exercícios físicos, consciência corporal, vitalidade, autoconhecimento e poder.

Fase da vida: juventude

Tempo: meio-dia

Estação do ano: verão

Palavra-chave: social

As Cartas do Fogo

O Fogo é considerado o espírito da Deusa que traz luz e brilho à Terra. Este elemento é a centelha divina que arde no interior de cada um de nós, fazendo com que continuemos vivos, agindo e conquistando.

Na Wicca, o elemento Fogo está presente em nossos rituais através das velas, que trazem a presença do Sagrado para o interior do Círculo, iluminando-o para que o caminho seja visível aos Deuses e ancestrais.

O Fogo está ligado ao ponto cardeal Sul e é considerado um elemento masculino e ativo. Suas cores sagradas são o vermelho, o laranja e o dourado. Velas nestas cores são usadas para marcar o Quadrante Sul no Círculo. Está associado a verão e ao meio-dia.

Numa leitura, as Cartas do Fogo possuem o poder de nos trazer a energia da conquista necessária para alcançarmos nossos objetivos espirituais e materiais, sendo o principal elemento quando precisamos aumentar nossa força de

18 – Imbolc

Imbolc era o momento mais frio do ano, quando não existia mais lenha disponível para as fogueiras, tão comuns nas celebrações dos Sabbats que, então, tomavam forma nas procissões de velas que percorriam o arado para purificar a terra para o plantio das novas sementes.

As muitas velas representavam o poder e a luz do sol que se aproximava com a chegada da primavera.

Imbolc é o festival que celebra a luz nas trevas. É o momento ideal de banirmos nossos remorsos, nossas culpas, e planejarmos o nosso futuro. A Deusa está cuidando de seu bebê, a Criança do Sol (o Deus). Ela e seu filho afastam o inverno e o Deus cresce forte e poderoso. Nessa celebração, a Deusa Brigit, Senhora do Fogo, da Vida e do Conhecimento era honrada e todos agradeciam por Ela ter mantido o fogo das lareiras aceso durante as noites escuras e frias do inverno. Também era o período em que os campos de plantação eram purificados pelo fogo e as sementes eram abençoadas para o plantio.

Significado divinatório: a Carta Imbolc assinala que é a hora de banirmos o remorso e a culpa para planejar o futuro. É hora de purificar e de exterminar as trevas da ignorância e do medo, para que seja possível brilhar em todo o esplendor. Esta carta também pode indicar que é a hora de nutrir algo que acaba de nascer.

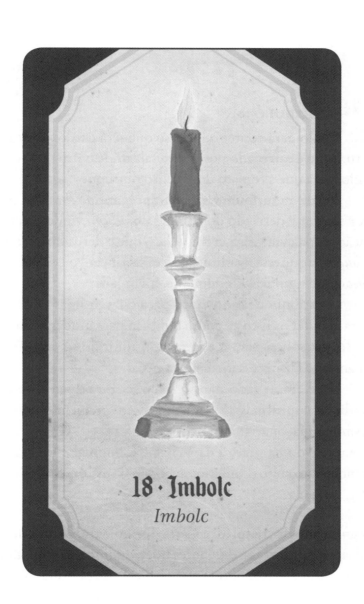

17 – Turíbulo

Usado para conter o incenso que será usado no ritual, o turíbulo é carregado por toda a sala onde o rito será realizado, para que a fumaça do incenso purifique o local.

A palavra turíbulo vem do francês antigo *thurible,* que por sua vez é derivado do latim *thuribulum,* vindo da alteração da palavra grega θύος (*thuos*), que é derivado de θύειν (*thuein*) e que está ligado ao ato de "sacrificar", ou da palavra *theos,* que significa, literalmente, divindade.

O turíbulo é usado tanto para criar aromas sagrados para agradar os Deuses como também para mudar as coisas da forma sólida para a etérea, consumindo-as com fogo quando se faz necessário em um ritual.

Ele é empregado não só na Wicca, mas em diversas tradições espirituais e de mistérios que incluem o gnosticismo, a maçonaria, a franco-maçonaria, etc. Além disso, é empregado na prática da Magia Cerimonial e foi usado, também, no culto doméstico ao longo da história da religião Pagã romana.

Significado divinatório: a Carta Turíbulo traz a força mental em vez da força física. Indica que a diplomacia pode abrir o caminho que não pode ser aberto pela força bruta. Numa leitura, esta carta fala da necessidade da pureza dos pensamentos e das intenções para alcançar os objetivos desejados.

16 – Livro das Sombras

Quando se faz parte de um Coven, é comum haver um Livro das Sombras específico, que é copiado por todos os iniciados e que revela os ritos sagrados da Tradição na qual foi iniciado.

Os iniciados copiam todo o Livro do seu iniciador(a) com o objetivo de se envolver mais de perto com os textos tradicionais da Arte.

Na Wicca não iniciática e eclética, O Livro das Sombras assume o aspecto de um diário mágico, onde são registrados encantamentos, feitiços, rituais etc. Nele transcrevemos todos ritos que achamos interessantes, assim como nossos pensamentos, invocações, mitos e tudo o mais que for relevante para o nosso caminho mágico.

Significado divinatório: a Carta Livro das Sombras nos convida a buscar pelo sentido das coisas e a se questionar internamente para encontrar as respostas necessárias. Ela traz a necessidade do silêncio, da solidão, e diz que é a hora de meditar para alcançar o equilíbrio. Resumidamente, é um período de reflexão, estudo e avaliação de algum processo.

16 · Livro das Sombras
Book of Shadows

15 – Ostara

Estamos no Equinócio da Primavera, momento de celebrar o retorno das flores como dádivas da Deusa e a renovação da Terra. É quando a Deusa se apresenta como a Donzela da Primavera e o Deus como um jovem guerreiro, tendo essa união consumada em Beltane, quando a Deusa, representando a Terra, e o Deus, o Sol, trarão a germinação das sementes plantadas na época da primavera, após se unirem.

Uma das Tradições de Ostara é pintar ovos com símbolos e cores que representam o nosso desejo e depois plantá-los ou depositá-los no pé de uma árvore frondosa e florida. O ovo representa a semente de nossos sonhos e desejos que, quando deixada sobre a terra, germinará, concedendo-nos bênçãos.

Ostara representa o momento de união e amor entre a Deusa (Lua) e o Deus (Sol), quando se celebra a restauração do equilíbrio no mundo, já que nesta data dia e noite possuem o mesmo tempo de duração, momento ideal para fortalecer a energia de complementaridade entre homem e mulher.

Significado divinatório: a Carta Ostara indica que este é o momento de "plantar" e cultivar nossas "sementes". É hora de ponderar sobre tudo o que você deseja ver frutificando no futuro e estabelecer suas metas e objetivos para que, no momento apropriado, a colheita seja farta.

14 – Vassoura

Usada muitas vezes para preparar o espaço sagrado, a vassoura tem como finalidade servir tanto de portal como de símbolo da união da Deusa e do Deus. O cabo representa o falo do Deus, enquanto as cerdas da vassoura simbolizam o Ventre da Deusa.

Exatamente por este motivo, esse simbolismo era usado entre os povos campesinos em ritos de magia simpática, quando as Bruxas pulavam sobre suas vassouras no arado, acreditando que quanto mais alto pulassem, mais alto cresceriam as sementes e abundante seriam as colheitas.

A vassoura é usada para varrer energeticamente um espaço que será usado para a realização de um ritual. A varredura não é realizada fisicamente, muitas vezes o que é varrido trata-se simplesmente do ar, enquanto visualiza-se o local sendo limpo das influências negativas.

As árvores tradicionais para a confecção da sua vassoura são a bétula, o salgueiro e o freixo.

Significado divinatório: a Carta Vassoura pode indicar viagens interiores ou físicas para a restauração de nossa essência ou de uma situação. Ela assinala a chegada de uma nova realidade ou a viagem para uma nova terra e pode ser indício de que, apesar de não parecer, no atual momento tudo o que está acontecendo culminará em um avanço que trará novas paisagens e direções.

13 – Sacerdote

As funções do Sacerdote são semelhantes às da Sacerdotisa. Como ela, o Sacerdote passou pelo Ritual de Iniciação, praticou a Arte por muito tempo e é aquele que está apto a treinar outras pessoas, após um logo período de aprendizado. No Círculo, ele é o representante do Deus nos rituais.

Tradicionalmente, a Sacerdotisa lidera magicamente o Coven e o Sacerdote organiza, administra e favorece as relações entre a comunidade. O relacionamento da Sacerdotisa e do Sacerdote é uma parceria que favorece o Coven como um todo.

O Sacerdote, ao lado da Sacerdotisa, é coadjuvante em todos rituais, invocando, traçando o Círculo e iniciando aqueles que se integram ao Coven. Ele geralmente usa um cajado, capacete de chifres e braceletes, representando, assim, sua liderança e poder.

Significado divinatório: a Carta Sacerdote representa todo o processo de aprendizado dentro de um conjunto específico de regras. Ela diz também que é hora de buscar o conhecimento pelos caminhos mais seguros e oficiais e que toda ação que estiver de acordo com as regras e leis estabelecidas será bem-sucedida.

12 – BOLLINE

Faca de cabo branco, utilizada pelo Bruxo para colher ervas, entalhar símbolos em velas, confeccionar talismãs, cortar comida ritual, etc.

Os primeiros bollines eram feitos na forma de uma pequena foice, muito parecidos com aquelas usadas pelos antigos Druidas. Hoje, facas de qualquer tamanho e formato, desde que usadas apenas para finalidades mágicas, podem ser consideradas um bolline. Poderíamos dizer que ele é o athame multiuso do Bruxo.

O bolline expressa a ligação dos Bruxos com a força da natureza e é usado para todas as finalidades práticas no interior do Círculo Mágico.

Significado divinatório: a Carta Bolline nos remete à ligação com a natureza e o equilíbrio que o cultivo desse relacionamento sagrado pode oferecer e trazer. Como a natureza expressa a liberdade plena, o bolline traz a necessidade de se tornar livre e de quebrar fronteiras e paradigmas. Pela sua associação com as ervas, é uma carta extremamente positiva, expressando crescimento, fartura e frutificação de tudo aquilo que é desejado. Também é uma carta de cura.

11 – ATHAME

Considerado o instrumento mais importante de um Bruxo, o athame é um punhal de fio duplo e de cabo preto. É com ele que o Bruxo traça o Círculo Mágico, invoca os poderes, direciona a energia ou consagra utensílios que serão usados durante o ritual.

Tradicionalmente, uma pessoa não tem direito de usar um athame até que tenha passado pelo Ritual de Iniciação.

Geralmente inscrito com símbolos mágicos em seu cabo e mantido embainhado quando não está sendo usado, o athame, em algumas Tradições, só é usado ritualisticamente, enquanto em outras é utilizado para todas as finalidades mágicas. Hoje, vários outros tipos de facas – que vão desde as utilizadas para acampar, até as mais artísticas – são utilizadas como athames.

O athame simboliza o elemento Ar sobre o altar. Em algumas Tradições ele é o símbolo do Fogo.

Significado divinatório: a Carta Athame simboliza a capacidade de colocar as forças universais em ação para fins criativos e a tornar realidade todas as coisas que estão no reino da imaginação. O athame é capaz de manifestar o imanifesto e iniciar tudo aquilo que se encontra no plano mental.

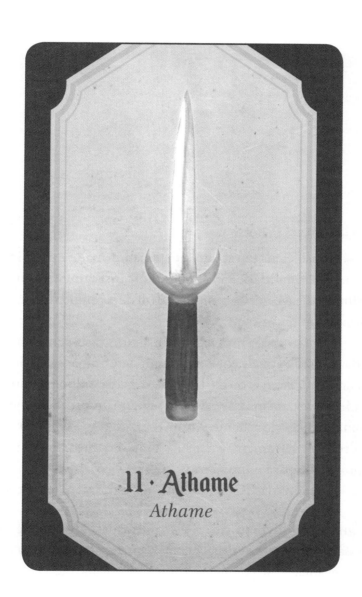

10 – Espada

Considerada um athame em tamanho maior e possuindo a mesma finalidade, a espada é um instrumento muito utilizado na Magia Cerimonial, além de ser muito usada por Bruxos em seus rituais.

É um símbolo protetor e, em alguns casos, ela é conferida somente àqueles que atingiram determinadas posições dentro do Coven e/ou da Tradição. Espada simboliza autoridade, serve para marcar o espaço sagrado ou ritual, podendo tomar o lugar do athame. Muitas Bruxas têm ambos em sua coleção de ferramentas rituais e usarão o que parecer mais apropriado para o momento.

A maioria das Tradições nunca usa espadas em seus rituais.

Significado divinatório: a Carta Espada indica que é necessário enfrentar as situações de frente, de forma autêntica, para avançar com coragem e firmeza de forma que a vida nos retribua com tudo o que desejamos. É hora de exercer sua capacidade de liderança em todos os níveis.

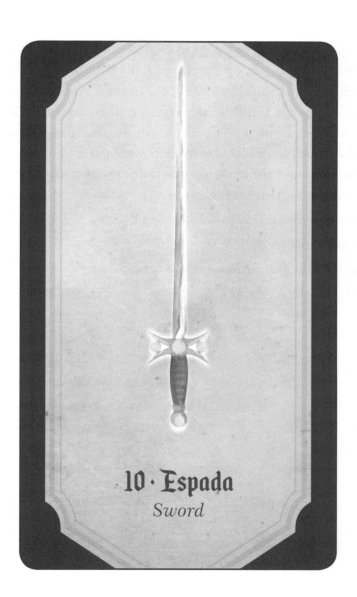

Correspondências

Significado: a mente, a meditação zen, discussões, começos, iluminação e todo o trabalho mental, intuitivo e psíquico. É o conhecimento e a aprendizagem abstrata; o vento e a respiração; inspiração e audição; harmonia, pensamento e crescimento intelectual; viagem e liberdade; revelação da verdade. Ajuda a encontrar coisas perdidas; favorece habilidades psíquicas, a instrução, a telepatia e a memória; proporciona habilidade de saber, de entender; ajuda a conhecer os segredos dos mortos.

Fase da vida: infância

Tempo: nascer do sol

Estação do ano: primavera – o tempo do frescor

Palavra-chave: mental

As Cartas do Ar

O Ar é considerado o sopro da Deusa, é o elemento da "respiração da vida", sem ele nada poderia existir.

Na Wicca, o elemento Ar está presente em nossos rituais através da fumaça dos incensos e dos aromas que se espalham pelo ambiente, mudando nossa consciência e despertando nossa memória para lembranças que nos ligam a lugares, pessoas e situações.

O Ar está ligado ao ponto cardeal Leste e é considerado um elemento masculino e ativo. Está associado a primavera e ao amanhecer. Suas cores sagradas são o amarelo, o branco e o azul-claro. Velas nestas cores são usadas para marcar o Quadrante Leste no Círculo.

Numa leitura, as Cartas do Ar possuem o poder de expandir e despertar nossa consciência para as grandes verdades. Sendo o principal elemento quando precisamos aumentar nossa criatividade, imaginação, memória e favorecer o intelecto, as cartas do Ar dizem que o consulente precisa acessar essas energias para realizar o tema da jogada.

09 – Samhain

Esta é a data Pagã mais importante da Arte. É o ano novo Wiccaniano.

Para os antigos Povos, esse era considerado não só um momento de poder, mas também o tempo em que o véu que separava o mundo encontrava-se mais fino e os Deuses e ancestrais podiam se encontrar com os homens.

Por ser a celebração dos ancestrais, este Sabbat fala também da morte que, para os Pagãos, é encarada como parte da vida, sempre abrindo caminho para o novo. Em Samhain, todos os que morreram são relembrados e seus espíritos são convidados para fazerem parte dos rituais como convidados de honra.

Como a morte lembra finalização, neste Sabbat fazemos uma profunda reflexão sobre o término das relações, trabalhos e períodos da vida que precisam passar e também sobre aquilo que precisamos deixar ir.

Significado divinatório: a Carta Samhain chama pela renovação e para um novo tempo que vai chegar. Fala da necessidade de talvez ter que abrir mão de algumas coisas, desistir dos excessos e deixar cair as máscaras e as fantasias sobre si mesmo. Indica o fim necessário de um ciclo.

08 – CAMINHO ÓCTUPLO

O conceito do Caminho Óctuplo tem origem com Gerald Gardner. Trata-se de um conjunto de métodos que permitem alcançar a iluminação, a felicidade e o êxito em todas as práticas mágicas e como a magia pode ser realizada:

1. Meditação ou concentração.
2. Transe e projeção Astral.
3. Ritos, cantos, feitiços, runas e encantamentos.
4. Incenso, enteógenos e vinho.
5. Dança e práticas afins.
6. Controle do sangue, controle da respiração e práticas semelhantes.
7. O uso do açoite.
8. O Grande Rito.

O Caminho Óctuplo é reconhecido em muitos caminhos das Tradições de Mistérios Ocidentais, com leves nuances e variações. Em qualquer um dos casos ele é, em suma, um conjunto de técnicas e práticas para aumentar as energias que são incorporadas à magia ritual.

Significado divinatório: a Carta Caminho Óctuplo chama a sua atenção para eventos vitais, aos quais você tem pouco ou nenhuma capacidade de decisão. É a carta da mudança de sorte que os altos e baixos da vida apresentam. Em suma, traz sempre algum tipo de mudança que não podemos controlar e a qual temos que aprender a aceitar.

08 · Caminho Óctuplo

Eightfold Path

07 – Círculo Mágico

Círculos são símbolos universais da totalidade, perfeição e comunhão com o sagrado.

Todo ritual Wiccaniano se inicia com o traçado do Círculo Mágico.

Quando um Bruxo traça um Círculo Mágico é como se ele estivesse recortando um espaço para ficar além deste e de outros mundos.

Sua principal função é conter o poder que é emanado durante os rituais até que seja a hora de liberá-lo.

Provavelmente, os homens começaram a usar Círculos Mágicos na tentativa de estabelecerem uma ponte de comunicação com os seus Deuses, porque a Lua, o Sol e as estrelas, que estão acima de nós, possuem forma circular.

O uso do Círculo Mágico nas práticas da Bruxaria é muito antigo. Eles podem ser considerados, no espaço fechado, um substituto dos Círculos de Pedras que são encontrados em várias partes do mundo e parecem ter sido usados para as mesmas finalidades.

Significado divinatório: em uma leitura, a Carta Círculo o chama para abrir sua mente e o seu coração a pensar positivamente, eliminando os medos e as dúvidas, já que você se encontra protegido e é abençoado pelos Deuses. Ainda que seja necessário percorrer um longo caminho, a carta indica que você está na direção certa.

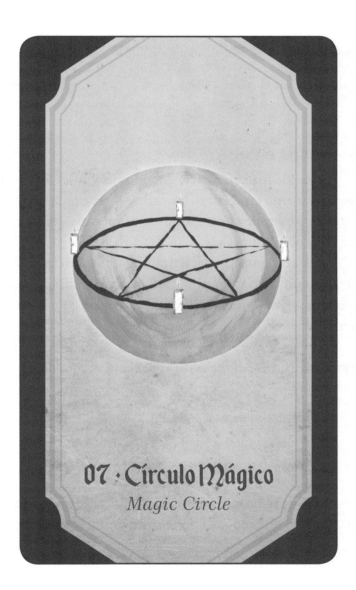

07 · Círculo Mágico
Magic Circle

06 – Bolos e Vinho

A comida ritual faz parte de todo Rito Wiccaniano. O *Banquete*, como também é chamado a Cerimônia do Bolos e Vinho, pode ser constituído de alimentos como pães, biscoitos, bolo, frutas, etc.

Esses alimentos representam a abundância da Mãe Terra, quando compartilhados, também simbolizam o elo que nos une como irmãos que partilham as dádivas da mesma Mãe.

Todos os alimentos e o vinho são abençoados nesse momento, enquanto se diz palavras semelhantes às que se seguem:

> *Eu abençoo estes alimentos e este vinho para que tragam abundância e plenitude.*
> *Nós agradecemos sua bondade e bênçãos Grande Mãe.*
> *Que assim seja e que assim se faça!*

Em seguida, os alimentos são passados no sentido horário, para que todos os presentes possam comer e beber.

Significado divinatório: a Carta Bolos e Vinho traz felicidade e alegria, honra e amizade. Também indica generosidade, fartura e nutrição para todos os seus anseios.

06 · Bolos e Vinho
Cakes and Wine

05 – Yule

Na Wicca, Yule expressa o momento de celebrar o retorno do Sol.

Depois das longas noites de inverno, a partir desta data, o Sol voltará a brilhar e os dias serão mais longos do que as noites.

Yule assinala a esperança de um novo tempo, abrindo caminho para as inúmeras possibilidades. Sua celebração era feita com luzes, fogo e a tradicional Árvore de Yule, com enfeites e bolotas de carvalho, que posteriormente foi assimilada pelo cristianismo e se transformou na Árvore de Natal.

Yule representa o retorno da luz, quando, na noite mais fria do ano, a Deusa dá à luz o Deus Sol, a Criança da Promessa. Com isso as esperanças renascem e calor e fertilidade retornam à Terra.

Significado divinatório: a Carta Yule traz sucesso e uma reflexão do quanto estamos dispostos a sacrificar para alcançar a vitória que desejamos, que pode ser tanto sobre nós mesmo quanto sobre circunstâncias externas ou sobre alguém.

04 – Poderosos

Considerados intermediários entre o mundo dos Deuses e dos homens, os Poderosos são uma série de seres espirituais tutelares da Bruxaria. São seres que testemunham os ritos e as práticas dos iniciados da Arte e que conduzem cada Bruxo ao seio dos Mistérios.

O trabalho espiritual dos Poderosos é manter os elementos da vida e guiar a humanidade durante sua existência. Eles podem ser compreendidos como:

- Os Espíritos ou os Reis dos Elementos, conectados profundamente com a natureza.
- Os Ancestrais da Arte, ou seja, os espíritos de Bruxos e Bruxas que já partiram para o Outromundo e que protegem os Bruxos encarnados.
- Os Guardiões das Torres de Observação, que zelam pela humanidade e trabalham pela nossa evolução.

Resumidamente, os Poderosos são as forças espirituais que estão abaixo dos Deuses e que nos guiam nesta jornada.

Significado divinatório: em uma leitura, a Carta Poderosos nos chama a viver de forma mais equilibrada e moderada, em harmonia com toda a vida. Esta carta também o convida a buscar por ajuda e cooperação, promovendo o trabalho em equipe.

03 – Iniciado

A Iniciação é o primeiro ritual que marca o ingresso de uma pessoa na Wicca. É uma experiência mágica que afeta o ser humano de maneira profunda e que não pode ser expressada meramente por palavras, mas precisa e deve ser sentida.

Na Wicca, a Iniciação introduz o indivíduo em um Coven, ou em uma Tradição, e fornece à pessoa um conjunto simbólico de informações somente transmitidas às pessoas que passaram por um ritual secreto, no qual o Iniciado se tornou um Sacerdote ou uma Sacerdotisa da religião, transformando-se, assim, em um dos continuadores dessa expressão religiosa, bem como um transmissor dos rituais que ele próprio vivenciou.

Na Bruxaria, a Iniciação é um processo mágico que despertará o ser para um novo estágio de sua consciência e expandirá sua percepção, quando seus canais serão despertados e abertos para o bom desempenho de suas faculdades psíquicas, intuitivas e espirituais.

Significado divinatório: a Carta Iniciado indica que você está passando ou deverá passar em breve por eventos que o farão se sentir renascendo e que será necessário buscar por fé, contemplação e uma conexão mais profunda com o divino.

02 – Sacerdotisa

Na Wicca, a Sacerdotisa é aquela que dirige a maioria das cerimônias. Considerada a encarnação da Deusa durante os rituais, seus desígnios e vontades são classificados como os da própria Deusa. A Sacerdotisa governa com sabedoria e equilíbrio e conhece profundamente toda a cultura da Arte, incluindo invocações, cânticos e mitos; é ela que transmite esses conhecimentos para todos os membros do seu Coven.

Uma das funções da Sacerdotisa é resolver conflitos que surjam no grupo, dando a todos sempre uma opinião sábia, amorosa e de poder.

A Sacerdotisa geralmente usa uma tiara com uma Triluna ou meia lua apontando para cima, como símbolo de sua liderança e poder. Em muitos Covens, ela também usa braceletes e um colar que a distingue dos demais membros.

Significado divinatório: a Carta Sacerdotisa pede para que você busque pelo seu interior e veja além das aparências, deixando a superfície de uma determinada situação para olhar as coisas mais profundamente.

01 – Pentáculo

Um dos instrumentos mais importantes da Bruxaria, o pentáculo é frequentemente feito de madeira ou de metal e é usado para carregar energeticamente ervas, talismãs, objetos e acessórios que serão usados num ritual, assim, confere poder e força aos utensílios de um ritual.

Pentáculos sempre possuem um pentagrama inscrito nele. Em algumas tradições de Bruxaria, como a Gardneriana, por exemplo, ele é gravado com outros símbolos mágicos que representam a Deusa, o Deus, o mundo, entre outras coisas.

Significado divinatório: a Carta Pentáculo indica que seus sonhos se tornarão realidade; expressa praticidade e manifesta tudo aquilo que está em preparação. Com a energia do pentáculo você pode alcançar tudo o que quiser e atrair a prosperidade que precisa.

01 · Pentáculo
Pentacle

Correspondências

Significado: o corpo, crescimento, sustentação, ganho material, dinheiro, nascimento, morte, silêncio, rochas, pedras, cristais, joias, metal, ossos, estruturas, noite, riqueza, tesouros, rendição, força de vontade, toque, empatia, crescimento, mistério, conservação, incorporação, negócios, prosperidade, emprego, estabilidade, sucesso, fertilidade, cura, forças da natureza combinadas, abundância material, runas, sabedoria prática, força física, ensino.

Fase da vida: velhice

Tempo: meia-noite

Estação do ano: inverno

Palavra-chave: material

As Cartas da Terra

CADA COISA EXISTENTE NA NATUREZA pode ser considerada uma parte do corpo da Deusa, que é a própria Terra. Assim, para muitas culturas, a vegetação sempre crescente eram os cabelos da Deusa, e para muitos povos antigos, as pedras representavam os ossos da Grande Mãe.

Na Wicca, o elemento Terra é um dos mais importantes e talvez seja o mais usado nos rituais por meio de ervas, pedras, folhas e flores. A Terra está ligada ao ponto cardeal Norte e é considerado um elemento feminino e passivo.

Suas cores sagradas são o verde, o marrom e o preto. Velas nestas cores são geralmente usadas para marcar o Quadrante Norte no Círculo. Este elemento também está associado ao inverno e à meia-noite.

Em uma leitura do *Oráculo das Bruxas*, as cartas da Terra possuem o poder de estabilizar, silenciar, crescer e fazer renascer. Sendo o principal elemento utilizado quando precisamos atingir rapidamente objetivos materiais, essas cartas expressam que podemos precisar da energia e da força do elemento Terra para que o tema da pergunta se concretize.

Como todas as cartas possuem números duplos, ao fazer a soma entre os algarismos de cada uma delas você vai perceber que, quando o número daquela carta é decomposto, chegamos a um só algarismo, que será exatamente um desses números originais que vai de 1 até 9. Isso lhe dará a possibilidade de entender a essência raiz de cada carta através do número a ela relacionado.

Por exemplo, a carta chamada "Cordas" é a de número 32 na sequência numérica. Logo, 3 + 2 = 5. Como vimos, a palavra-chave para o número 5 é "Tensão". Agora, para ter um panorama simplificado do que esta carta representa, basta unir a palavra-chave associada ao número reduzido desta carta (5) àquela palavra-chave do elemento que ela representa.

Sendo as "Cordas" uma carta da Água, a palavra-chave para este elemento como você descobrirá mais adiante é "Emocional". Assim, poderíamos dizer que as "Cordas" representariam, numa jogada, uma "Tensão Emocional". Claro que este significado é bastante simplista e elementar. Você pode e deve ampliá-lo, incorporando a leitura das cartas a todo o simbolismo descrito na apresentação de cada uma delas neste livro. O mesmo se procede para todas as outras cartas do *Oráculo das Bruxas*, excetuando as 4 cartas do Espírito que expressam conceitos divinos específicos em seu próprio mérito e cujos números das cartas estão fora deste esquema de redução numérica.

A seguir vamos conhecer o simbolismo e o significado divinatório de cada uma das cartas.

Cartas do Espírito

37 – Grande Rito
38 – Beijo Quíntuplo
39 – Terceiro Grau
40 – Caldeirão

A sequência numérica das cartas do *Oráculo das Bruxas* não foi escolhida aleatoriamente, mas fundamentando-se no simbolismo numérico que cada carta expressa quando os algarismos do número daquela carta são somados, oferecendo, assim, um número final que pode ir de 1 a 9, os chamados números puros e originais.

Todos os números possíveis de existir resultam sempre de combinação desses 9 números primordiais, que são como 9 forças ou vibrações cósmicas, cada uma expressando uma frequência diferente.

Vamos conhecer o significado de cada número:

01 – Início
02 – Energia
03 – Crescimento
04 – Estrutura
05 – Tensão
06 – Equilíbrio
07 – Resultados
08 – Mudança
09 – Fim

O número 40 também é um número sagrado para diversas religiões ao redor do mundo. Encontramos ele nos mitos sumerianos, judaicos, no hinduísmo e em diversas outras culturas e tradições espirituais.

As cartas do *Oráculo das Bruxas* e os seus significados oraculares, que o leitor verá detalhadamente nesta obra, têm basicamente a seguinte estrutura:

Cartas da Terra
01 – Pentáculo
02 – Sacerdotisa
03 – Iniciado
04 – Poderosos
05 – Yule
06 – Bolos e Vinho
07 – Círculo Mágico
08 – Caminho Óctuplo
09 – Samhain

Cartas do Ar
10 – Espada
11 – Athame
12 – Bolline
13 – Sacerdote
14 – Vassoura
15 – Ostara
16 – Livro das Sombras
17 – Turíbulo
18 – Imbolc

Cartas do Fogo
19 – Bastão
20 – Colar
21 – Segundo Grau
22 – Deus
23 – Açoite
24 – Litha
25 – Cone de Poder
26 – Roda do Ano
27 – Beltane

Cartas da Água
28 – Cálice
29 – Deusa
30 – Primeiro Grau
31 – Bracelete
32 – Cordas
33 – Mabon
34 – Liga
35 – Esbat
36 – Lammas

Composto por 40 cartas, o *Oráculo das Bruxas* é dividido em 4 grupos de 9 cartas, representando sempre um dos elementos (Terra, Ar, Fogo e Água), e um grupo adicional de 4 cartas que representa a quintessência sagrada, o Espírito.

O número 40 para a quantidade de cartas do *Oráculo das Bruxas* não foi escolhido ao acaso. Gerald Gardner, o pai da Wicca, cita em sua obra *Bruxaria Hoje* a importância do número 40 no simbolismo da Arte:

> *Como três e cinco fazem oito, muitas coisas devem estar em oito; mas oito e cinco fazem treze, e assim, treze é outro bom número; mas desde que cinco oitos, ou três covens e uma líder fazem quarenta, quarenta é um bom número, e certas coisas devem ser feitas em quarenta.*

Assim, percebemos que os números mais importantes para a simbologia da Wicca são 3, 5, 8, 13 e 40, sendo este o mais elevado dentre todos.

Cada um dos números citados por Gardner expressa uma simbologia especial na Wicca:

03 – O Deus, a Deusa, a Criança da Promessa, representando os poderes da criação. Aqui também podemos conectar este número à Deusa Tríplice.

05 – O homem, o pentáculo, os 5 elementos (Terra, Ar, Fogo, Água, Espírito).

08 – A Roda do Ano com os 8 Sabbats, as 8 formas de fazer magia.

13 – A Roda de Esbats, com 13 celebrações de Plenilúnio.

40 – Três covens e uma líder.

O Oráculo das Bruxas

Simbologia das cartas e estrutura do jogo

O Oráculo das Bruxas foi concebido para ser uma ferramenta divinatória apropriada para os praticantes da Wicca. No entanto, pode ser utilizado por qualquer pessoa que não tenha tido contato prévio com a Arte. Por meio das informações aqui compartilhadas, será possível ter acesso a todo o poder que este oráculo pode proporcionar, ainda que você esteja dando seus primeiros passos neste caminho ou que não conheça nada sobre ele. Com as referências aqui reveladas, um novo mundo se descortinará para aquele que nunca mergulhou profundamente nos mistérios da Deusa, fazendo-o desejar conhecer cada vez mais este incrível universo de rituais sagrados, magia e culto aos Deuses Antigos.

Mesmo dando uma preponderância às mulheres e ao Sagrado Feminino, muitos homens se identificam com a Wicca e celebram a Deusa, encontrando nas práticas da Bruxaria Moderna uma forma de reavaliarem e mudarem seus pensamentos, posturas e ações. Isso contribui para transformar homens influenciados por séculos de patriarcado e machismo em seres humanos mais conscientes e desprovidos de preconceitos.

Também chamada de Arte, Velha Religião e Antiga Fé, *Wicca* é o nome alternativo dado às práticas da Bruxaria Moderna de origem europeia. Proveniente do inglês arcaico *Wicce*, que significa "girar, dobrar ou moldar", esta palavra reflete a essência da Religião Wicca, já que girar e moldar a natureza, interagindo com ela, é um dos seus principais objetivos.

Wicca é uma religião que baseia sua filosofia e suas práticas na celebração à natureza e no culto à Deusa Mãe que personifica a própria Terra e o feminino. A Deusa é a Criadora de tudo e de todos, a principal Deidade Wiccaniana.

Simbolizada pela Lua e pela Terra, a Deusa recebeu diferentes nomes em diferentes culturas onde foi cultuada e celebrada. Ela é eterna, imortal e exerce supremacia em nossas práticas e rituais.

Muitas das práticas Wiccanianas remontam a antiga religião dos celtas, porém, influências gregas, sumerianas, egípcias entre outras, são encontradas na base fundamental da Wicca atual, que busca novamente colocar o homem em contato íntimo com a natureza, resgatando nossa ligação com a Terra, tornando-nos mais conscientes da necessidade da preservação da fauna e da flora.

Uma divindade secundária, chamada de Deus Cornífero, considerado o filho e Consorte da Deusa, também é reverenciado. Ele é o representante da fauna, da flora e dos animais, um antigo Deus das primeiras culturas da humanidade, responsável pela caça e pela fartura.

Sendo assim, a Wicca celebra o Sagrado Feminino e o masculino existente dentro de cada um de nós, buscando a complementaridade e o equilíbrio entre homens e mulheres.

A Wicca

Este é um oráculo que aborda o universo da Wicca. Suas cartas estão fundamentadas no simbolismo da Antiga Arte dos Sábios.

Diferentemente do que muitos pensam, a Wicca, também chamada de Bruxaria Moderna, não é uma religião estranha ou ligada ao mal.

A Bruxaria é um dos inúmeros caminhos espirituais, baseada em pequenos grupos ou em praticantes solitários, que procura colocar o homem em contato com a natureza e com suas energias. É uma religião matrifocal, centrada na figura da Deusa Mãe, personificada como a própria Terra e como a Lua, que enfatiza a responsabilidade social, ambiental e moral e que vê na ligação com a natureza o único caminho para o autoconhecimento e a evolução espiritual.

que somos um grande potencial nas mãos da Deusa e que devemos usar todas as nossas potencialidades a serviço Dela, buscando as formas necessárias para um mundo mais digno, honesto e verdadeiro, no qual todas as formas de amor, todas as etnias, todas as nossas escolhas pessoais sejam respeitadas e celebradas, sempre.

O *Oráculo das Bruxas* traz os símbolos, os instrumentos e o imaginário do universo das Bruxas e Bruxos representados por meio de cartas que podem ser usadas de forma divinatória. É um oráculo que permite a você desvendar o futuro, mas também a aprender mais sobre cada aspecto da Bruxaria, pois cada carta é como uma colcha de retalhos, que mostra uma parte isolada da religião que, ao ser reunida com outras partes, mostra o TODO presente neste caminho.

Mergulhe na magia deste oráculo divino e permita que os Deuses se comuniquem com você como nunca antes foi possível.

Desde que Gardner expôs em suas publicações os conhecimentos do Coven no qual foi iniciado, o interesse pelas práticas Wiccanianas não parou de crescer. A Wicca foi criada e recriada inúmeras vezes, assumiu novas roupagens, novos contextos, novos anseios. Surgiram novas Tradições e novos caminhos para atingir a essência dos Antigos e novos Deuses foram criados e estabelecidos. Hoje, novas formas de Bruxaria abundam em todo mundo, tornando a Wicca uma mescla de diferentes caminhos mágicos.

Sendo a Wicca uma religião não dogmática e de natureza individualista, é perfeitamente compreensível que tais caminhos tenham surgido. A principal função da Wicca é preencher o vazio e o espaço que têm nos separado da natureza e do Sagrado durante tanto tempo. Se isso só for possível e conseguido com a criação de novas práticas e de novos modelos, que assim seja.

Muito diferente do que talvez tenha pensado sua vida inteira, nós, Bruxos, não somos maus e nem voamos em vassouras. Bruxos são personagens reais da vida cotidiana, tão normais quanto as pessoas que você encontra no ônibus, no metrô, na fila do banco, na rua...

Seguramente, muitas dessas pessoas são os transformadores, os moldadores do mundo que, com suas visões, crenças, ritos e poderes podem mudar a realidade moderna que muitas vezes nos assusta. Essas pessoas acreditam que, através de seus antigos Deuses, toda mudança é possível, e que por mais que tenhamos tentado, sempre há outra maneira de alcançar a totalidade e melhorar o mundo em que vivemos. Esses personagens reais da vida moderna acreditam que a Terra está viva, que temos o poder de lutar pela liberdade,

Introdução

Nós nos separamos dos ritmos da natureza e não mais dançamos em volta das fogueiras, das montanhas e das árvores entoando cânticos sagrados para celebrar as mudanças da Terra. Não vemos mais o fenômeno da suspensão do Sol, da Lua e das estrelas no céu como algo divino; uma dádiva dos Deuses. Os Antigos foram esquecidos, as velhas Tradições foram perdidas.

Mas a Roda gira, e uma vez mais, não só nos Estados Unidos, como em todo mundo, o crescimento da Wicca se tornou um fenômeno social e espiritual.

A Bruxaria renasceu na Europa por volta de 1951. Seguramente, Gerald Gardner, o maior expoente da Wicca naquela época, não imaginava que a Bruxaria Moderna fosse conquistar tantas pessoas e admiradores em todas as partes do mundo.

Sumário

1. Introdução 9
2. A Wicca 13
3. O Oráculo das Bruxas 17
   As Cartas da Terra 22
   As Cartas do Ar 42
   As Cartas do Fogo 62
   As Cartas da Água 82
   As Cartas do Espírito 102
4. Como fazer uma leitura com o Oráculo das Bruxas? .. 113
5. Métodos de Tiragem 117
6. Palavras Finais 123
   Claudiney Prieto 125

Dedicatória

O projeto do 1º Museu Brasileiro de Magia e Bruxaria nasceu enquanto esta obra ficava pronta. Muitos foram os que colaboraram para que este sonho se tornasse realidade, mas aqui gostaria de agradecer destacadamente a algumas pessoas especiais que apoiaram o projeto:

Amanda Celli, do Tempero de Bruxa; Cynthia Sims; Diego Oliveira; Thais Pavanelli, da Divina Linha; Henri Garcia; Juliana Machado; Luiz Antonio de Sousa Netto; Maria Anita da Silva Castro; Rafael Toledo; Raul Costa; Simone Ribeiro; Vanessa Jardim e Vicki Araujo.

Todas essas pessoas incríveis se transformaram em guardiões da memória e do viver da Bruxaria no Brasil, tornando-se, agora, imortais nas páginas desta obra e em meu coração.

Que a canção dos Deuses toque a melodia que embalará para sempre suas vidas.

A eles esta obra é dedicada!

© Publicado em 2020 pela Editora Alfabeto

Supervisão geral: Edmilson Duran
Revisão: Luciana Papale e Renan Papale
Ilustrações: Umbra Docens
Diagramação: Décio Lopes

DADOS INTERNACIONAIS DE CATALOGAÇÃO NA PUBLICAÇÃO

Prieto, Claudiney

O Oráculo das Bruxas / Claudiney Prieto | Editora Alfabeto | 1ª edição
São Paulo | 2020.

ISBN: 978-85-98307-88-6

1. Oráculo 2. Esoterismo 3. Wicca I. Título

Todos os direitos reservados, proibida a reprodução total ou parcial por qualquer meio, inclusive internet, sem a expressa autorização por escrito da Editora.

A violação dos direitos autorais é crime estabelecido na Lei n. 9.610/98 e punido pelo artigo 184 do Código Penal.

EDITORA ALFABETO
Rua Protocolo, 394 | CEP 04254-030 | São Paulo/SP
Tel: (11)2351.4168 | E-mail: editorial@editoraalfabeto.com.br
Loja Virtual: www.editoraalfabeto.com.br

CLAUDINEY PRIETO

Oráculo das Bruxas

ALFABETO

Oráculo das Bruxas